REDLINE WIRTSCHAFT

Gabriele Schlegel
mit Claudia Tödtmann

Business Behaviour

Souverän Auftreten im Job

REDLINE WIRTSCHAFT

Gabriele Schlegel / Claudia Tödtmann
Business Behaviour
Heidelberg: Redline Wirtschaft, 2005
ISBN 978-3-636-01303-3

Unsere Web-Adresse:
http://www.redline-wirtschaft.de

Umschlag: Init, Büro für Gestaltung, Bielefeld
Coverabbildung: Getty Images, München

Ein Unternehmen der Süddeutscher Verlag Hüthig Fachinformationen
Satz: Beate Soltész, Redline Wirtschaft, Wien
Druck: Himmer, Augsburg
Printed in Germany

Inhalt

Vorstellen, Anreden, Kontakten

Handy und Telefon

Weihnachten und andere Feste

Inhalt

Geschäftsessen

Inhalt

Small Talk

Wenn der Gast die Kunst studiert: Allein gelassen in großer Gesellschaft

Fühlen Sie sich manchmal auch so einsam? Wenn sie etwa als Vertreter eines Unternehmens oder Geschäftspartners zu einer größeren Veranstaltung oder einem Vortrag eingeladen sind und niemanden dort kennen?

Erst kürzlich erlebte ich es selbst wieder in einer Großbank, die zur Vernissage eines modernen Künstlers einlud. So einer, bei dem ich sein Kunstwerk erst – er möge mir mein Unverständnis verzeihen – für einen Blendschutz am Fenster hielt. Viele Männer, auch Frauen, irrten schön herausgeputzt, aber alleine durch die großen Räume oder harrten an den paar Stehtischen aus. Sie wirkten sehr verloren und – hier lag der Fehler der gastgebenden Bank – niemand nahm sich dieser Gäste an. Wenn Sie selbst als Entscheider in der Gastgeberrolle sind, empfiehlt sich dies: Bei so einer Vernissage 20 Mitarbeiter dienstverpflichten, die die Gäste ansprechen und unterhalten müssen. Oder sie engagieren 20 Kunststudenten, die ihnen Profundes zur Ausstellung erzählen können.

Dass so eine Firmeneinladung viel besser ablaufen kann, hat kürzlich eine Unternehmensberatung bei einem Jubiläum auf dem Bonner Petersberg bewiesen: Der Chef nebst Gattin begrüßte jeden der 400 Gäste aus Politik und Wirtschaft persönlich. Dann war die zweite Unternehmensebene dran. Sie nahmen die Eintreffenden quasi an die Hand, verwickelten sie ins Gespräch und machten sie bekannt mit Gästen der jeweils passenden Couleur. Ich wurde zu einem Staatssekretär geführt, den ich aus meiner Zeit in der Botschaft in Washington kannte. Und genau das ist der Punkt: Mit guter

Vorbereitung steht und fällt der Erfolg solch einer offiziellen Einladung. Nur wer die Gästeliste ausreichend kennt, kann die Menschen auch zusammenbringen für interessante Gespräche, fürs Knüpfen nützlicher Geschäftskontakte und einen unterhaltsamen Abend.

Doch diese Veranstaltung war eine Ausnahme. Was darf und soll man nun tun, wenn man zu einer Veranstaltung kommt, wo selbst das Empfangskomitee fehlt und man mutterseelenallein herumstehen muss? Aus Verlegenheit die Kunst an den Wänden eingehend zu studieren, hilft nur bei Profi-Gastgebern, die gut hinsehen und Sie aus der misslichen Lage befreien. Wenn es eine Bar gibt, steuern Sie die an, da sammeln sich in allen Ländern einzelne Gäste. Sie können sich auch zu einer Gruppe stellen, wenn dort Small Talk stattfindet. Wer heftig diskutiert, den sollte man nicht stören. Hören Sie erst mal rein und reden sie ruhig schon nach einer Minute mit. Das ist kein No-No, auch wenn sie niemanden kennen. In einer Gesprächspause sollten sie sich dann vorstellen – und zwar mit vollem Namen: „Ich bin Thomas Wirtz und bin Marketingvorstand bei Immergut.“ Den Dr. und das von lassen sie beim Selbst-Vorstellen tunlichst weg – und vergessen Sie nie, zu lächeln.

Wenn Sie ihre Hausaufgaben gemacht und sich in der Zeitung informiert haben über das, was gerade in Museen, Kinos oder Sport so angesagt ist, ist die Unterhaltung gesichert. Zur Not können Sie immer noch von Ihrem privaten Reiseprogramm berichten.

Eleganter Absprung: Visitenkarten können Ausstiegshilfe, Filter und Gesprächslieferant sein

Haben Sie geahnt, dass ihre Visitenkarte Sie retten kann? Dass Sie Ihnen als Sprungbrett nützlich ist? Wenn Sie zum Beispiel bei einem Empfang mit vielen Geschäftsleuten in einer Runde stehen, aus der Sie sich verabschieden möchten. Weil Sie noch jemand anderen im Raum begrüßen möchten. Weil Ihnen die Gesprächspartner dieser Runde nicht die liebsten sind. Oder weil das Thema Sie nicht begeistert. Jetzt kommt Ihre Karte zum Einsatz, für den eleganten Absprung. Sie zücken sie, bedanken sich ausdrücklich für das interessante oder gute Gespräch und verabschieden sich mit den Worten: „Hier ist meine Karte." Dann formulieren sie je nach Situation: „Ich würde mich freuen, wenn wir uns nochmal wieder sähen"; „Wir haben sicher beide noch ein paar interessante Gesprächspartner hier zu finden und ich wünsche Ihnen noch einen schönen Abend" oder „Lassen Sie uns morgen telefonieren."

Das Problem ist nur: Ist es für andere Umstehende diskriminierend, nicht gleichzeitig eine Karte zu bekommen? Ein Fauxpas ist es hier nicht, in größeren Runden wird sie einzeln übergeben. In kleiner Runde sollte man nicht geizig sein. In Asien ist es die eherne Regel. Unumstößlich. Da gehört es zum Zeremoniell, zur normalen Begrüßung. Auch wenn sich ein Europäer dabei drollig vorkommt.

Was Sie aber im Umgang mit Chinesen und Japanern dürfen: Ihnen Ihre Visitenkarte nur mit einer Hand geben, auch wenn Sie selbst die Karte immer mit beiden Händen überreichen. Tun Sie nur eins nicht, weil sonst beide Seiten ihr Gesicht verlieren: Reden Sie Ihren neuen Gesprächspartner nicht mit dem Namen an, der als zweiter auf seiner Karte steht – denn Sie können sicher sein, dass der zweite Name tatsächlich sein Vorname ist. Manche Asiaten sind es schon leid, und haben sich selbst einen Joseph, Richard oder eine Elisabeth vor ihren Nachnamen geschrieben.

Doch zurück zur Visitenkarte als Vehikel: Mir ist es schon passiert, dass ich den Namen von Menschen vergessen hatte oder für welche Firma sie arbeiten. Da gibt es den einfachen Trick, kurzerhand die eigene Visitenkarte direkt zu überreichen. Fast jeder kontert mit seiner Karte – und Sie sind schnell wieder im Film. Mehr noch: Die Visitenkarte liefert immer Stichworte für das weitere Gespräch. Und wenn es nur die Stadt ist, in der ich gerne einkaufe.

Als Gast ist es wichtig, so schnell wie möglich Klarheit zu bekommen, ob mein Gesprächspartner für meinen Beruf oder meine Firma wichtig sein kann. Je eher ich nämlich direkt auf der Visitenkarte sein Unternehmen und seine Position nachlesen kann, umso schneller kann ich zum Punkt kommen – oder den Absprung suchen. Siehe oben.

Die Rettung namens „apropos“: Wie man am besten auf Flegeleien reagiert

Mir stockte der Atem. Hatte ich richtig gehört? „Also Sie müssen mir zuerst einmal erklären, wie Sie mit dem Zölibat zurechtkommen.“ Alle hatten diese indiskrete Frage bei dem Geschäftsessen mit zehn Leuten gehört – und ich war die Gastgeberin. Der so Befragte war ein Priester und Ethikberater für Unternehmen. Ausgesprochen hatte diese allzu neugierige Aufforderung eine schwäbische Unternehmerin. Alle schwiegen betreten, Grabesstille. Doch der Priester, ganz Profi, lenkte einfach ab: „Das mache ich gerne später, aber lassen Sie uns erst mal essen.“ Um nie mehr auf darauf zurückzukommen.

Die Situation ist typisch: Jemand wird plump angegangen oder – mehr versehentlich – beleidigt. Ich selbst reagiere mit ähnlichen Varianten wie der Priester. Sagt mir jemand vertrauensselig, wie kürzlich ein Top-Manager eines Großkonzerns: „Sie haben schon eine 27-jährige Tochter? Man hat Sie wohl auf der Schulbank geschwängert, gnädige Frau!“ (O-Ton!), dann ist die einzige Devise Themenwechsel, aber ganz flott. Hauptsache, die Äußerung nicht annehmen oder gar aufgreifen. Ernst nehmen ja, nicht ignorieren – sonst wiederholt derjenige die Äußerung am Ende noch und umso lauter –, aber nicht inhaltlich darauf eingehen. Der einfachste Hebel – außer dem Ablenken – ist das Zauberwort „apropos“. Apropos Schulbank, wo sind Sie eigentlich aufgewachsen? Apropos Tochter, meine hat gerade eine Stelle bei Firma Wunderbar angetreten. Kennen Sie die? Und schwups – ist der Ball zurückgespielt.

Vor derlei unbewussten Verletzungen ist niemand gefeit. Jeder muss sie mal einstecken. Jeder kann selbst in ein Fettnäpfchen treten, auch der Hochrangigste. Ich empfehle diese Sätze, um die Situation zu retten: „Das klingt interessant“ oder „Das ist eine neue Betrachtungsweise“. Und dann sofort Themenwechsel, sei es das Essen oder das nächste Wochenende. Tun Sie nur eins nicht: den Ausrutscher persönlich nehmen, kontern oder auf demselben Niveau parieren.

Dasselbe gilt für überhebliche Äußerungen. Die sind eine echte Prüfung und ungleich schlimmer als bloße Fettnäpfchen. Passiert ist dies: Auf einer Medienparty hatte eine Schwangere schon drei Stunden gestanden und dann einen Herrn auch einem Sofa gefragt, ob sie sich neben ihn setzen dürfe. Sie könne nicht mehr stehen. Sein Kommentar: „Man muss eben auf seine Ernährung achten.“ Sie tat das einzig Richtige: Sie sagte, sie sei schwanger – und ignorierte die Beleidigung.

Aber endlos brauchen Sie nicht Contenance zu wahren: Wer die Grenze erreicht, dem müssen Sie nicht antworten, sondern können den Flegel demonstrativ stehen lassen und sich nonchalant einem anderen Gast zuwenden.

Small Talk

Peinliche Stille im Fahrstuhl: Small Talk ist keine Bühne für Grundsatzdiskussionen

Wer kennt die Situation nicht: Sie stehen zusammen im Aufzug mit einem Kollegen, den Sie nur vom Sehen kennen, dem Sie nur selten begegnen. Sie wissen nichts voneinander, jedenfalls nichts Persönliches, und so langsam wird die Stille bedrückend. Ein souveräner Vorgesetzter fängt nun ein Gespräch an. Der Etikette nach ist er an der Reihe, die Unterhaltung zu eröffnen.

Doch wenn er weniger gewandt ist oder auf derselben Hierarchiestufe steht, ergreifen Sie ruhig die Initiative. Fragen Sie ihn etwas. Montags etwa, wie das Wochenende war. Freitags, ob man etwas plant fürs Wochenende. Je nach Jahreszeit kann man nach dem nächsten oder letzten Urlaub fragen. Notfalls gibt auch die Wetterlage einen kurzen Austausch her. Das Wichtigste beim Small Talk ist, sein Gegenüber genau zu beobachten, gut zuzuhören, auf Details zu achten und aufmerksam zu sein – dann ergeben sich automatisch Punkte zum Einhaken. Vielleicht trägt er einen besonderen Schal, eine antike Armbanduhr oder eine ausgefallene Aktentasche. Und wenn es nur die Menükarte der Kantine ist – fast alles liefert Stoff für einen höflichen, kurzen Small Talk.

Unerträglich ist es, wenn Leute so uncharmant sind und den anderen, der sich gerade um ein Gespräch bemüht, auflaufen lassen. Etwa indem sie nur mit Ja oder Nein antworten. Gesprächskiller sind auch die Gutmenschen oder Besserwisser, die sich gleich erheben müssen – auf Kosten des anderen. Sie maßregeln das Gegenüber ungeniert für eine harmlose Äußerung: „Wie können Sie so etwas sagen!“ – und bringen so unnötige Schärfe ins Gespräch. Wer andere brüskiert, braucht sich nicht zu wundern, wenn er nicht mehr angesprochen wird.

Selbst wenn ein Kollege eine Äußerung macht, zu der Sie nicht Stellung nehmen wollen oder die Sie nicht einmal zur Kenntnis nehmen mögen – meine „Apropos“-Lösung eröffnet immer den eleganten Ausweg: Sie lassen es unkommentiert und wechseln einfach das Thema. Etwa so: „Apropos, haben Sie schon den neuen Kaffeeautomaten ausprobiert?“ Mimen Sie den Arglosen. Das funktioniert auch bestens, wenn jemand einen Witz erzählt, der daneben geht. Gar nicht erst darauf eingehen. Small Talk ist keine Bühne für Grundsatzdiskussionen.

Eindrucksvoll führte mir das einmal eine Hamburgerin vor, die einem Herrn zuhören musste, der sich ereiferte über die Top-Einkünfte der „Drei Tenöre“. Stur blieb sie dabei, wie populär die Sänger doch seien. Mehr Tiefgang ließ sie einfach nicht zu. Sie nahm in Kauf, dass wir sie für naiv hielten – bis sie mir irgendwann unauffällig zuzwinkerte.

Die Angst vor der Stille: Damit Sie sich beim Small Talk nicht um Kopf und Kragen reden

Der Kopf ist leer. Der Puls rast. Die Hände werden immer heißer. Weil Ihr Flugzeug in einem Luftloch immer tiefer fällt? Oder weil Sie am Abgrund stehen und in die Tiefe schauen? Nein, von diesen Symptomen berichten mir Seminarteilnehmer, wenn sie Small Talk machen sollen. Auch wenn sie eigentlich gar nicht schüchtern sind und fachlich viel Ahnung haben.

Dieses Dilemma ist aus zwei Gründen ein Dauerzustand: Zum einen machen sich die wenigsten davon eine Vorstellung, dass selbst Small Talk einer Vorbereitung bedarf, am besten fortlaufend. Über das einladende Unternehmen informiert man sich schon mal im Internet und macht sich bei anderen schlau. Um wenigstens für den ersten Gesprächsfaden zu sorgen. Ideal ist es, dem Gastgeber und seinen Leuten Fragen stellen zu können. Dann können Sie selbst erst mal in Ruhe zuhören – und die Befragten freuen sich fast immer. Oder Sie fragen ihn nach seinem Job und seiner Vita. Dann kommt fast jeder ins Plaudern.

Umgekehrt gilt es, aufzupassen: Wenn Ihr Gegenüber nach längeren, schrecklich interessanten Ausführungen beharrlich schweigt, könnte es sein, dass er genug von dem Thema hat. Auch wenn Sie einfach Furcht vor einer Gesprächspause und peinlicher Stille haben, sollten sie langsam stoppen. Am besten mit einer Frage an den Schweiger. Bleibt die Frage, was man – das verstehen die meisten Menschen unter Small Talk – über andere Themen außerhalb der Businesswelt erzählen kann. Alle noch so gut gemeinten Geldanlage-Tipps sind die Katastrophe. Das Wetter ist nur für zwei Sätze gut. Politik ist immer ein heißes Eisen, kritische Anmerkungen ohnehin: Man weiß nie, ob der Herr im grauen Zwirn gegenüber ein beseelter Mülltrenner ist und sich jede flapsige Bemerkung über Dosenpfand als Bombe erweisen kann. Pädagogische Ausführungen und Weltuntergangsszenarien sind gleich tabu. Was bleibt: alles über Ihr letztes Ferienabenteuer – je unterhaltsamer, je lieber. Denken Sie bitte vorher darüber nach! Die aktuellen Kinokritiken, Sportereignisse, selbst das TV-Programm und der Kulturkalender bieten Anhaltspunkte.

Zum anderen: Die wenigsten Gastgeber sind sich Ihrer Pflicht bewusst, dass sie die Verantwortung für die Konversation auf der Veranstaltung tragen. Dass sie diese delegieren müssen an ihre Mitarbeiter, damit auch jene wissen, was sie zu tun haben und die Leute im Gespräch halten. Und dass sie dem Gast da aus der Situation heraushelfen müssen, wo er nicht weiter kommt.

Small Talk

„Dirigent 01 ist für die B9 dran“: Wie unhöflich es ist, Fachchinesisch zu sprechen

„Der Dirigent von 01 wäre nun für die B9 dran.“ Sie verstehen nur Bahnhof? Mir jedenfalls erging es mehrfach so. Immer, wenn ich mal wieder bei einem offiziellen Dinner zwischen Ministerialbeamten saß, die als Tischgespräch die Personalpolitik ihres Ministeriums wählten. Leider war ihnen entgangen, dass auch Nicht-Beamte dabei waren, die ebenfalls in die Unterhaltung hätten einbezogen werden sollen. Wie oft habe ich Juristen zuhören müssen, die eine hitzige Debatte über der 823er-Anspruch mit einem Tischgespräch verwechselten. Unhöflichkeit pur, Sensibilität im Minusbereich. Gute Erziehung? Fehlanzeige.

Dagegen schätze ich den Hochwildjäger – es war ein Kieferchirurg –, der wenigstens versucht, seine Begeisterung mit mir zu teilen. Und ich einen ganzen Abend lang vom Leben und Leiden des Marco-Polo-Schafs lernen durfte.

Noch einsamer fühlt man sich nur noch, wenn Unternehmensberater allen – inklusive möglichen Auftraggebern – ihre Anglizismen um die Ohren hauen. Stillschweigend voraussetzend, dass niemand Besseres zu tun haben kann, als sich die vielen Management-Floskeln anzueignen. Mein Rat: Fragen Sie nach. Genieren muss sich nur, wer andere in die peinliche Lage bringt, nachfragen zu müssen.

Auch Werber verfallen gerne in dieses Englisch-Kauderwelsch – am liebsten, wenn sie sich gegenseitig Titel verleihen. Wie praktisch diese Titel für sie sein können, zeigt diese Anekdote: Ich erinnere mich an einen Vermieter, der stolz den anderen Mietern anpries, dass nun eine 32-Jährige einziehe, die so toll sei, dass sie schon in jungen Jahren Direktorin sei. Tatsächlich handelte es sich um den Titel „Junior Art Director" – und das wird man ganz rasch. Im Gegenteil, mit Anfang 30 ist man fast ein bisschen spät dran.

Nur, wie hakt man am besten im Job nach, ohne sich eine Blöße zu geben? Die schlichte Frage „Was bedeutet das konkret?" hat schon so manchen ins Stottern gebracht.

Asiaten übrigens fragen nur ungern nach, da es bedeuten könnte, der Vortragende habe nicht eindeutig genug erklärt – und erleidet so Gesichtsverlust. Stattdessen wenden sie sich lieber gleich anderen Geschäftspartnern zu.

Wer souverän ist, sollte also tunlichst vermeiden, im Fachjargon zu sprechen, schon um selbst nicht albern zu wirken. Wahre Fachkompetenz ist, Kompliziertes einfach erklären zu können. Nur dann hat der Betreffende es wirklich durchdrungen. Auswendig lernen kann jeder. Positiv fällt hierbei ausgerechnet ein Jurist, der Bundesverfassungsrichter Paul Kirchhoff, auf – der die schwierigsten Zusammenhänge in einfachen Worten erklären kann. Und der Bonner Künstler Lothar Knorn erkannte: „Ist es nicht albern, dass manche Menschen sich beklagen, dass weniger Gebildete sie nicht verstehen? Wie sollte das auch möglich sein? Allerdings wirklich erstaunlich ist, dass gebildete Leute nicht mehr im Stande sind, sich mit weniger Gebildeten zu unterhalten ..."

Peinliche Situation

„Sagen Sie jetzt nichts, Hildegard“: Wenn sich keiner traut, dem Chef zu sagen, dass seine Hose offen ist

Wie gebannt schaut man auf sein Gegenüber und rätselt sekundenlang: Sag ich jetzt was oder lass ich´s lieber? Das Salatblättchen oder der Lippenstift auf den Zähnen ganz nach dem Muster des Sketches bei Loriot. Dort wanderte eine Nudel durchs Gesicht des Protagonisten, aber er ließ sein Gegenüber, Hildegard, nicht zu Wort kommen. Jedem passiert so etwas gelegentlich und das eigentlich Tragische daran ist, dass demjenigen nicht bewusst ist, dass er sich in einer peinlichen Lage befindet. Sind es nur Kleinigkeiten, die leicht zu beheben sind, tun Sie es bitte. Umgekehrt wären auch Sie froh. Bleibt die Frage des Wie. Ich rate zu Ehrlichkeit. Die Bemerkung „Entschuldigung, Sie haben da ein Blättchen auf den Zähnen“ lässt sich auch unauffällig zuraunen.

In fünf Benimmbüchern habe ich schon versucht, einen Rat zu genau dieser Situation zu finden, Fehlanzeige auf ganzer Linie. Dabei passiert derlei oft: Da marschiert der Chef durchs Großraumbüro, spricht mit mehreren Leuten – aber dass die ganze Zeit der Reißverschluss seiner Hose offen ist, merkt er nicht. Und keiner traut sich, ihm das zu sagen. Courage und Höflichkeit erfordern in diesem Fall jedoch dasselbe, eine Warnung: Wer den Chef so laufen lässt, macht sich mitschuldig. Ohne Vorrede brauchen Sie ihm nur halblaut zu sagen, „Ihr Reißverschluss ist offen.“ Sonst geht es ihm wie dem Redner, der erst kürzlich einen Architekturpreis in Hamburg verlieh – ohne Rednerpult. Der Ärmste blieb ahnungslos, geschlagene drei

Stunden. Dass in der Pause und beim Empfang später alle darüber sprachen, war klar.

Etwas anderes ist es, wenn jemand an einer Malaise gar nichts ändern kann, etwa an dem Tomatenfleck auf der Krawatte oder an der Laufmasche. In dem Moment ist schlichtes Ignorieren angesagt. Bleibt die Frage, was tun, wenn ein Gast im falschen Dress auftaucht? Der Unverkleidete auf dem Kostümfest ist nur ein Hingucker, das Gegenteil ist der Gipfel der Peinlichkeit. Unpassend fühlt sich auch schon, wer als Einziger im Anzug dasitzt, wenn alle anderen Pullover und Jeans tragen. Dann muss der Gastgeber die Situation offen ansprechen und gleich die Schuld auf sich nehmen: „Ich glaube, ich habe versäumt zu sagen, dass es leger zugeht. Aber Hauptsache, wir sind zusammen."

Ein Vorbild gaben mir mal die Asiaten in Singapur beim chinesischen Neujahrsfest. Als fast alle Ausländerinnen nicht in der traditionellen roten Farbe gekommen waren – und der einladende Geschäftsmann elegant darüber hinwegsah. Obwohl es sich um einen so schwerwiegenden Fauxpas handelte, als wenn jemand im roten Kleid zur Beerdigung kommen würde.

Peinliche Situation

Wie sag ich's dem Entgleisten?
So bringt man zwei, die sich daneben benehmen, wieder auf Kurs

Kampfhähne trennen müssen? Danke – das Vergnügen ist nicht ganz meinerseits. Immer wieder gibt es auch Geschäftsleute, denen mal die Pferde, besser die Emotionen, durchgehen. Und die persönlich und lautstark werden. Alle anderen schweigen betreten. Was tun? Eingreifen muss der Ranghöchste oder der Gastgeber. Allein schon, um die anderen Gäste von der Belästigung zu befreien. Solange es noch mit Humor geht, ist dies eine gute Methode. Ich erlebte so etwas bei einer Managerrunde nach einem Coaching: Der Chef mimte den Zuschauer eines Tennisspiels, der mit den Augen dem Ball folgt: „Das ist ja hier besser als der Grandslam."

Ist die Situation nicht mehr mit Augenzwinkern zu retten, musste ich selbst in Singapur schon mal zu einem extremen Mittel greifen. Zwei deutsche Unternehmer – Asiaten und Amerikaner würden nicht so agieren – schrien sich plötzlich an. Sie hatten sich in wenigen Minuten heiß geredet, es ging natürlich um Politik. Die Streitenden wurden persönlich, alle anderen waren peinlich berührt. Als mein Themenwechsel ungehört blieb, half nur noch dies: Ich kippte mein Rotweinglas um und gab die Erschrockene. Es funktionierte, einer brachte Salz für den Fleck, andere tupften auf dem Tisch herum. Das wirkte wie ein Unterbrecher im Stromkreislauf. Die Kontrahenten kamen auf den Boden zurück und ließen das Thema sofort fallen.

Oft wird eine peinliche Lage auch erst richtig unangenehm durch Dritte.

Ein junger Mitarbeiter in der deutschen Botschaft in Washington etwa hatte gesehen, wie ein Top-Manager bei einem Business-Forum einen Löffel als Souvenir einsteckte. Eilfertig sprach jener die Gattin an: „Ich glaube Ihr Gatte hat gerade einen Löffel gestohlen." Der Manager, sofort eheintern informiert, deponierte flugs den Löffel in der Toilette – um sich dann beim Botschafter laut über die Unterstellung zu beschweren. Alle hörten mit und der Mann verließ demonstrativ das Haus. Das Ende vom Lied: Der Botschafter und das Außenministerium mussten Entschuldigungen schicken.

Viel besser gelang diese Volte: Bei einer großen Einladung mit Buffet packten gegen Ende plötzlich einige Gäste ganz selbstverständlich die Reste in Plastiktüten ein und vergriffen sich sogar an der Blumendekoration. Warum? Es blieb rätselhaft. Jedenfalls rette der Gastgeber die absurde Situation. Er stieg ein auf das seltsame Happening: „Kommen Sie doch mit in die Küche, ich gebe Ihnen noch mehr Tüten." Gesagt, getan. Der Spuk war so schnell vorbei, wie er begonnen hatte. Genial.

Peinliche Situation

Wenn Kollegen müffeln: Der Chef muss Skunkis zur Ordnung rufen

Kann er krank sein oder ist er nur ungepflegt? Darf man etwas sagen, geniert man sich selbst zu sehr, um es anzusprechen, oder lässt man es lieber. Und leidet. Leidet unter Marotten, schlechten Angewohnheiten oder mangelnder Hygiene eines Kollegen. Da gibt es den Skunk, in dessen Zimmer es regelmäßig zum Umfallen duftet. Der Witz an der Sache ist, dass die Kollegen durchaus darüber reden – nur mit ihm selbst möchte partout keiner sprechen. Das dürfen die sogar. Aber wer sich ein Herz fassen muss, ist der Vorgesetzte.

Als Signal versuchen manche, dem Skunki zum Geburtstag ein Deo zu schenken. Aber davon rate ich ab: falls es der Ärmste vor allen auspackt. Dann gerät die Geste zum öffentlichen Affront. Das einzig Senkrechte ist das ehrliche Vier-Augen-Gespräch und absolute Offenheit. Und vergessen Sie nicht, zuerst zu betonen, dass Sie nichts an seiner Arbeit zu beanstanden haben. Aber dass Ihnen sein Körper- oder Mundgeruch aufgefallen ist.

Wichtig ist: Bleiben Sie nicht hinter Ihrem Schreibtisch, zeigen Sie Respekt – und fassen Sie sich superkurz. So ein Gespräch darf in drei Minuten beendet sein – es besteht nämlich die Gefahr, dass es persönlich wird. Was auch nicht geschehen darf, ist dies: Erwähnen, dass er schon seit Jahren Stein des Anstoßes ist, oder sich Kunden beschwert haben. Das macht die Situation nicht einfacher und erniedrigt ihn noch mehr als nötig.

Was heute auch geht und womöglich taktvoller wirkt: Der Chef darf es dem Mitarbeiter in einer Mail schreiben. Dann bleibt es dem Empfänger erspart, dass er dabei beobachtet wird, wie er die Nachricht aufnimmt. Die andere Variante: Der Chef schickt eine allgemein gehaltene Mail an alle und erinnert, wie das Unternehmen zu repräsentieren ist – von jedem Einzelnen. Auch wenn das Risiko hoch ist, dass sich ausgerechnet der Betroffene nicht ertappt fühlt.

Ein ähnliches Thema sind Marotten, die auf purer Gedankenlosigkeit oder Rücksichtslosigkeit basieren: Ich habe einen angehenden Anwalt erlebt, der seine benutzten Tempotücher gerne auf dem Konferenztisch aufhäufte. Oder einen Projektmanager in einem Seminar, der gedankenverloren mit Büroklammer oder Stift im Ohr bohrte. Hier darf jeder der Anwesenden – und nicht nur der Ranghöchste, etwas sagen – und das vor allen Anwesenden. „Diese Taschentücher hier stören mich wahnsinnig." Manchmal hilft ja schon eine Handbewegung oder ein Spruch wie: „Brauchst du noch einen Kuli zum Schreiben?"

Bleibt die Frage, was ist, wenn es einer Ihrer Gäste, ein Kunde oder gar der Betriebsprüfer ist, unter deren Ausdünstungen alle leiden – dann müssen Sie eben durchhalten. Sorry.

Peinliche Situation

Wenn sechs statt zwei Gäste kommen: Die beste Gegenwehr bei Überfällen im Job – und in der Freizeit

Der Professor war entsetzt. Sonntags klingelten seine Doktoranden gleich zu sechs Mann hoch freudestrahlend an seiner Haustür: Man wolle ihm den gewonnenen Fußballpokal der Uni zeigen. Der Doktorvater machte gute Mine zu bösem Spiel, bat den wissenschaftlichen Nachwuchs auf die Terrasse und spendierte auch noch Sekt.

Der Fall ist authentisch und lag der Ehefrau des Professors und Handelsblatt-Leserin auf der Seele: „Auch wenn ich gastfreundlich bin, ist dieses Verhalten nicht allzu distanzlos?" Doch hätte er den jungen Leuten die Tür weisen dürfen? Ich meine, ja – aber nur mit einer plausiblen Begründung. Und wenn sie nur heißt: „Es tut mir Leid, aber es passt im Moment nicht". Entscheidend ist, keinen Vorwurf zu machen und sich selbst zu entschuldigen – denn eigentlich war die Attacke ja gut gemeint.

Aber weil dieser Überfall das Privatleben der ganzen Familie berührt und vielleicht stört, darf der Professor auch nein sagen. Ohnehin hätte ein Anruf genügt und der unfreiwillige Gastgeber hätte die Gelegenheit bekommen, seine Rolle anzunehmen. Derlei Vorkommnisse geschehen nicht nur von eigenen Mitarbeitern und nach Dienstschluss, sondern genauso im Arbeitsalltag und von Unternehmensfremden. Da steht plötzlich ein Kunde, der „gerade zufällig in der Stadt ist", völlig unerwartet am Empfang und will Sie sehen. Sie aber haben anderes im Sinn: die letzten Vorbereitungen für eine wichtige Konferenz, die in einer Stunde beginnt oder ein unaufschiebbares

Personalgespräch mit einem Mitarbeiter. Was tun? Eines ist unabdingbar: Der Überfallene muss zum Empfang kommen und den unverhofften Besucher persönlich begrüßen – und ihm erklären, dass es ihm Leid tut, aber dass er ausgerechnet heute keine Minute Luft hat, dass es sein Terminplan einfach nicht zulässt und dass er um Verständnis bittet. Keinesfalls darf er selbst auch nur einen Hauch von Verärgerung über den Überraschungsgast zeigen.

Einem Überfall gleich kommt es übrigens, wenn Gesprächspartner alleine oder zu zweit angekündigt sind, aber plötzlich zu vier oder fünf Personen auftauchen. Für Asiaten ist es sogar typisch, so muss man bei Geschäftspartnern aus China damit rechnen. Hier gibt es nur eine Gegenwehr: Informieren Sie Kollegen, dass sie sich – für alle Fälle – auf Stand-by, in Bereitschaft halten und auf Ihren Zuruf dazu stoßen. Selbst wenn Kollegen vorher nicht informiert werden konnten, sorgen Sie für Gleichstand und holen Sie sich Verstärkung. Uns erscheint so ein Aufmarsch unhöflich, er ist in Asien aber eine erlaubte Taktik.

Peinliche Situation

„Call me Mr. Meier“: Wie man am besten ein aufgezwungenes Du abbiegt

Meine 27-jährige Tochter, die lange in Washington und London lebte, empfindet Siezen als fremd. Ganz anders meine Mutter: Sie hätte sich nicht einmal mit ihren Freunden geduzt. Zu unserer Kultur gehört auch heute noch beides – und das hat Vorteile: Siezen ermöglicht professionelle Distanz und Diskretion.

Für Holländer zum Beispiel ist es unvorstellbar, in einem Team zu arbeiten und sich dennoch mit Sie anzureden. Doch wenn hier jemand neu in ein Unternehmen kommt – das weder Ikea noch H&M heißt, wo Duzen Vertragspflicht ist – sollte er auch Gleichaltrige erst mal siezen. Falls sich alle in der Abteilung duzen, werden die neuen Kollegen das schon kundtun. Die Regel, dass das Du „immer von oben nach unten anzubieten ist“, bedeutet im Job: Mitarbeiter, die schon länger dort arbeiten, fordern den Neuen dazu auf. Ansonsten gilt die Hierarchie: Der Chef darf dem Mitarbeiter das Du anbieten, aber nie umgekehrt. Das gilt auch gegenüber Mitarbeiterinnen. Nur privat sind die Damen am Zuge.

Problematisch bis peinlich ist es, wenn Sie unerwartet das Du angeboten bekommen – von jemandem, dem Sie partout nicht so nahe sein mögen. In dieser Zwickmühle ist das Ablehnen des Duz-Angebots rüde. Das Du später zurücknehmen zu wollen, verursacht einen Eklat – jedenfalls ist es verletzend.

Da ist es vielleicht besser, mutig zu sagen: „Vielen Dank für das freundliche Angebot. Ich möchte mich nicht so schnell duzen, und hoffe Sie haben Verständnis.“

Eine echte Falle sind Betriebsfeste, wenn nach einigen Glas Bier Duz-Aktionen – womöglich sogar mit dem Boss – stattfinden. Am besten warten Sie den nächsten Tag ab. Sollten der Chef oder die Kollegen das Du umschiffen, ist es am elegantesten für alle Beteiligten, Sie kehren zum Sie zurück. Stillschweigend.

Überschreiten dagegen Mitarbeiter Ihnen als Chef gegenüber die Grenzen und Duzen Sie einfach mal – quasi als Versuchsballon – sollten Sie es überhören. Siezen Sie konsequent zurück. Problematisch ist es, wenn einer aus dem Team befördert wird, der daraufhin lieber von seinen Kollegen – gerade vor Kunden – gesiezt werden möchte. Feinfühlige Kollegen stellen selbst die Frage, ob man beim Du bleibt. Ein Zurücknehmen halte ich aber dann wirklich nur vor den Kunden für machbar, alles andere ist krampfig.

Drollig war dies: Als ein amerikanischer Professor seinem deutschen Kollegen ein „Call me Bob“ anbot und der deutsche Professor so perplex war, dass auch er spontan an seine Grenzen ging und meinte: „Call me Mr. Meier.“

Vorstellen, Anreden, Kontakten

Verhaken wie die Hirsche: Wie man beim Küsschen links und rechts Fehler vermeidet

Haben Sie im Fernsehen gesehen, wie Silvio Berlusconi der muslimischen Schwiegertochter des türkischen Regierungschefs bei deren Hochzeit einen Handkuss geben wollte? Als die Dame blitzartig, gerade so, als ob eine Natter sie beißen wollte, ihre Hand wegzog? Und wie er trotzdem seinen Kuss landete? Offenbar hatte niemand Berlusconi vorbereitet. Sonst wäre ihm klar gewesen, dass er als Mann nie einer Muslimin auch nur die Hand reichen darf. Er erntete als Reaktion sogar Pfiffe von den anderen Gästen.

Auch der französische Staatspräsident leistete sich einen Fauxpas, der in Frankreich und in Großbritannien in die Schlagzeilen kam: Er griff der Queen mehrfach an die Schulter, um sie ins Haus zu führen. Fürsorglich sozusagen. The Queen was not amused. Majestäten werden nicht berührt, auch nicht angesprochen. Man antwortet ihnen nur. Selbst wenn Sie der Queen nie begegnen – auch einem Japaner dürfen sie beim Begrüßen nicht die zweite Hand auf seine Hand legen. Und wenn Sie sich noch so sehr freuen. Ganz anders verhalten sich Franzosen oder Italiener. Rechnen Sie damit, dass diese wie im rheinischen Karneval hemmungslos bützen. Auch im Berufsleben. Egal wie es Ihnen persönlich gefällt, bewahren Sie unbedingt Contenance.

Überfällt Sie selbst das unbändige Gefühl, jemanden mit Küsschen begrüßen oder verabschieden zu wollen, rate ich jedenfalls zur Vorsicht: Es ist immer die Dame – jedenfalls auf dem gesellschaftlichen Parkett und im privaten Rahmen –, die den ersten Schritt tun muss. Ausnahme: im beruflichen Umfeld, sei es bei einer Konferenz oder der Feier eines Vertragsschlusses. Hier gilt allein die Hierarchie. Dann darf der Ranghöhere die Dame mit Küsschen begrüßen. Sogar wenn es ihr nicht gefällt. Es gilt dann wieder die obige Regel: Bewahren Sie Contenance. Wenn Sie Küsschen verteilen, achten Sie unbedingt auf eines: Grenzen Sie nicht versehentlich eine einzelne Dame aus, indem sie nur die anderen in einer Runde herzen.

Zu Unsicherheiten kommt es auch, wenn beide nicht direkt wissen, welche Seite zuerst dran ist. Die Regel lautet: erst rechts, dann links. Linkshänder haben regelmäßig Probleme. Auch schön ist das Küssen von Hutträgerinnen, die Steigerung ist nur noch die Begrüßung zweier Hutträgerinnen. Die müssen die Krempen hochklappen, wenn sie sich nicht wie Hirsche beim Kampf verhakeln wollen. Ebenso ulkige Situationen passieren, wenn der eine zweimal, der andere aber dreimal – wie Schweizer und Franzosen je nach Region – küssen will. Mein Tipp: Rechnen sie immer mit dreien.

Warten, bis Sie schwarz werden: Manager, die Call-Center verantworten, brauchen Benimm-Nachhilfe

Sie wollen nur mal schnell eine Auskunft, ein Ticket buchen oder bei der Telefongesellschaft eine Störung melden. Jede Wette, dass jetzt die Katastrophe ihren Lauf nimmt. Sie müssen nun ganz tapfer sein und brauchen viel Zeit und Geduld. Meine Freundin aus Singapur, die mich hier besuchte, musste 20 Minuten am Telefon ausharren, ehe eine menschliche Stimme statt der Warteschleife mit den vielen Sonderangeboten der Fluglinie zu hören war – und konnte es nicht fassen. Des Rätsels Lösung: Wer eine Goldkarte hat, darf in der Warteschleife alle anderen überholen, auf derselben Telefonnummer.

Ich frage Sie, verehrte Damen und Herren Manager, die ein Call-Center in irgendeinem Unternehmen verantworten: Können Sie sich – beziehungsweise Ihr Unternehmen – so viel Unhöflichkeit gegenüber Ihren Kunden leisten? Den Leuten, die Ihrer Firma den Umsatz bringen und Ihre Jobs sichern? Ich meine: nein. Jeder Manager einer Fluggesellschaft sollte zur Strafe einmal am Tag selbst bei seiner Firma anrufen müssen und schmoren.

Andere Unternehmen behandeln ihre Kunden am Telefon ebenso unhöflich. Eine Steigerung ist es noch, wenn man sich selbst durch ein Computerprogramm kämpfen muss – durch lustige Zahlenspiele, die sich eine Firma ausgedacht hat. Bei meiner Telefongesellschaft etwa bekomme ich minutenlang erst einmal keinen Menschen an die Strippe, sondern muss versuchen, den Anweisungen eines Computers zu folgen. Per Bandansage werde ich aufgefordert, bestimmte Tasten zu drücken, um je nach Anliegen weitergeleitet zu werden. Mein eigenes Pech, wenn ich mich mal vertippe – dann darf ich gleich wieder von vorne anfangen. So wie bei „Mensch ärgere dich nicht“. Für Ausländer und Senioren ist dies eine Zumutung. Es lebe die Provinz, Globalisierung ist nicht in Sicht. Ich persönlich versuche nach so einem Rauswurf lieber mein Heil bei der Konkurrenz.

Vor etwa zehn Jahren war es in den USA übrigens ähnlich desaströs. Es wurde zum nationalen Gesprächsthema, die Kundenproteste waren nicht mehr zu überhören. Die Unternehmen gerieten so unter Druck, dass sie einfach handeln mussten. Seitdem gibt es kein Warten mehr.

In Singapur ist so ein Problem gar nicht denkbar. Asiatische Firmen pflegen echte Höflichkeit, auch am Telefon. Anders als in vielen deutschen Unternehmen, wo die Höflichkeit mit etwas Glück zwar in der Unternehmensphilosophie steht – da steht sie gut –, aber im Unternehmensalltag dann doch nicht vorkommt.

Vorstellen, Anreden, Kontakten

„Wenn Sie dann Klofrau sind“: Ohne Respekt mag es hier zu Lande gehen, aber nicht im Ausland

Tatort Universität, genauer gesagt, eine juristische Vorlesung. Eine Studentin hatte die Frage des Professors falsch beantwortet. Kann ja mal passieren, möchte man meinen. Sie ist ja noch in der Ausbildung. Nicht so der Rechtslehrer. Der holte vor hunderten von Mitstudenten ein Zehn-Cent-Stück aus seinem Portemonnaie und legte es der jungen Frau mit der spöttischen Bemerkung hin: „Nehmen Sie es, damit Sie sich an Ihr Trinkgeld als zukünftige Klofrau gewöhnen.“

Die Attacke war unverschämt, keine Frage. Zumal er die Studentin auch noch vor den Kommilitonen lächerlich machte. Dasselbe Verhalten wäre an einer amerikanischen Hochschule, wo ich schon oft zu Gast war, undenkbar. Dort erwartet man beiderseitig Höflichkeit und Respekt. Kritik und Verärgerung zu zeigen ist in Ordnung, aber der Respekt darf nie fehlen.

Doch wer denkt, nur in Ausbildungsbetrieben herrsche so ein Ton, irrt. Nehmen Sie dieses Beispiel: Ein weibliches Vorstandsmitglied, um die 40 Jahre, in einer karitativen Organisation wurde dem Vorstandschef der Muttergesellschaft vorgestellt. Noch bevor sie zu Wort kam, sagte der Chef über sie zu dem anderen Herrn im Raum gewandt: „Na, hübsch ist sie ja wenigstens.“ Was soll man darauf noch sagen? Vermutlich glaubte er, er äußere etwas richtig Freundliches – und saß schon mittendrin im Fettnapf.

Mich erstaunt, dass in meiner Umfrage bei den Dax-30-Unternehmen nach einstellungsrelevantem Sozialverhalten alle behaupteten, sie legten auf

Höflichkeit und Authentizität höchsten Wert. Erkennbar ist es nicht. Dabei ist beides so wichtig, vor allem fürs Auslandsgeschäft: Authentizität schafft Vertrauen, eine unabdingbare Voraussetzung für Erfolg in Asien. Überall auf der Welt befremdet die Art und Weise, wie wir Dienst und Schnaps trennen. Wer im Job verbissen den Unnahbaren gibt, schroff ist und so schnell keinen Freund nennt – um abends beim Bier den Jovialen herauszukehren, mag bei uns als Profi gelten. Auf die Idee, dass uns das als zu direkt, plump und unhöflich ausgelegt wird, kämen wir nie. Es ist aber leider so.

Unsere Geschäftskultur ist heruntergekommen. Oder kennen Sie Chefs, die wegen respektlosen Verhaltens gegenüber Mitarbeitern Abmahnungen kassierten? Ist nicht der knallhart eingesetzte Ellenbogen Erfolgsgarant?

Mein Gesprächspartner, der Werber Joachim Strate von Ogilvy & Mather meint: Nur wenn das Management stabil ist, können sich auch die anderen mit dem Unternehmen identifizieren und respektvollen Umgang pflegen. Wie recht er hat.

Vorstellen, Anreden, Kontakten

„Darf ich vorstellen?“ : Wenn das Begrüßen keine Missachtung werden soll

Kennen Sie das, wenn jemand Ihnen die Hand schüttelt und Sie begrüßt, aber dabei schon den Nächsten ansieht? Den vermeintlich Wichtigeren? Die Empfindung des so Missachteten ist klar: Er fühlt sich nicht wahrgenommen – allenfalls als Staffage, als Beiwerk, aber nicht als Mensch. Ganz oft passiert diese Unsitte bei Empfängen oder Veranstaltungen zu Gunsten eines Ehrengastes. Es geschieht nicht nur bei Defilees, sondern auch dann, wenn schon kleine Grüppchen zusammenstehen. Oder bei einem Betriebsfest, wo Kollegen nur darauf lauern, den Chef abpassen zu können, um ihre Karrierechancen zu erhöhen. Vorgesetzte, die so ein Verhalten bemerken, sollten nicht darauf eingehen – ihr Interesse muss dem Gelingen der ganzen Veranstaltung gelten. Ihre Mitarbeiter sollten sie sich aber später zur Brust nehmen. Denn: Wer solche Attitüden hat, bremst sich auch bei anderen Veranstaltungen womöglich mit Kunden nicht und repräsentiert das Unternehmen unangemessen. Umgekehrt sollte derjenige, der so degradiert wird, dieses Verhalten ignorieren. Auch halblaute Kommentare sind tabu. In dem Moment ist dies zwar unbefriedigend, aber Professionalität geht vor.

Das richtige Begrüßen läuft so ab: Man schaut sich an, reicht sich die Hand, stellt sich mit Vor- und Nachnamen und ohne Titel, aber dafür mit der Positionsbezeichnung vor. Denn dann kann der andere daran direkt anknüpfen. Für Asiaten ist dies sogar die Gesprächsbasis, ohne die sie geradezu orientierungslos sind.

Insbesondere im Business unterscheidet man ja fein zwischen Vorstellen und Bekanntmachen. Bei geschäftlichen Anlässen ist es unerlässlich, dem Gegenüber gleich einen Anhaltspunkt mitzuliefern, damit das Gespräch in Gang kommen kann. Der gröbste Schnitzer – und auch einer der häufigsten – ist es, zwei Menschen einander lediglich vorzustellen, also nur die Namen zu verraten – nicht mehr. Denn dann müssen die beiden Rätsel raten. Geht es bei geschäftlichen Anlässen darum, zwei Personen einander bekannt zu machen, ist es etwa ein guter Aufhänger, zu erzählen, woher jemand kommt. Jeder Ort kann die Vorlage sein, etwas zu fragen. Und wenn es nur die Frage ist, wie lange man dort schon lebt – die meisten Menschen erzählen gerne von sich.

Bei Privateinladungen ist dies eine der Kardinalpflichten des Gastgebers: Beim Vorstellen muss er darauf achten, einen gemeinsamen Anknüpfungspunkt für beide zu ersinnen – und beispielsweise darauf hinweisen, wenn beide gerne segeln. Oder wenn beide in verwandten Branchen arbeiten. Ab dem Moment sind die zwei als gute Gäste dann in der Pflicht, einzuhaken – und aufzubauen.

Vorstellen, Anreden, Kontakten

Exzellenz genügt vollkommen: Wer sich mit Titel vorstellt, begeht einen Fauxpas

Manche Gästeliste ist schier erschlagend: Wenn darauf so erlauchte Leute wie Professor Dr. Mustermann, Bernhard Graf von Adelbein zu Felseneck, Minister Michael Wunderbar, CEO James Garner, Botschafterin Dr. Martina Meister stehen – dann sinniert man schon, wer wie anzusprechen ist.

Doch ich warne: Lassen Sie sich nicht irritieren. Graf Lambsdorff oder Prinz von Preußen würden sich nie selbst mit Titel vorstellen. Sie nennen sich schlicht Otto Lambsdorff oder Lambsdorff und Friedrich Preußen oder ganz einfach Preußen. Das heißt aber nicht, dass sie auf Titel verzichten. Die Etikette gebietet es, sie dennoch mit Titel anzusprechen. Althergebrachte Generalregel ist: Niemand sollte sich selbst mit akademischem oder Adelstitel vorstellen. Die konservative, feine Art war immer schon zurückhaltend. Wer sich mit seinem Titel vorstellt, begeht einen Fauxpas.

Nur auf Kongressen und akademischen Veranstaltungen, bei denen der Titel für den Gesprächspartner aufschlussreich ist, ist es anders. Genauso wie sich ein Arzt im Notfall mit „Ich bin Dr. Martin“ vorstellt, damit der Verletzte Bescheid weiß. Hat jemand mehrere akademische Titel, ist der höchste Titel der richtige: Bei Herrn Professor Unrat ist der Doktortitel entbehrlich, die Anrede Herr oder Frau darf es jedoch sein. In Briefen bleibt der Professor in voller Schönheit erhalten, der Dr. darf dagegen abgekürzt werden.

Apropos Doktor: Meine Freundin, die mit einem Arzt verheiratet ist, wird von ihrem Bäcker hartnäckig mit „Guten Morgen, Frau Doktor“ begrüßt. Sie widerspricht immer – vergeblich. Natürlich. Sie sollte den Widerstand aufgeben. Nur wenn ihr das in ihrem Job passieren würde, dann müsste sie sofort Einspruch erheben. Damit es nicht so endet wie bei dem Chef der Unternehmensberatung, der gerade erst seinen Sessel räumen musste. Er hatte selbst einen Doktortitel verwandt, den er wohl nicht tragen durfte.

Die Grundregel bei Adeligen: Baron oder Gräfin werden nur Baron oder Gräfin Itzenplitz genannt, ohne Herr oder Frau. Sind Sie Hardliner und lehnen Adelstitel ab, ist die korrekte Anrede diese: Herr Graf von Itzenplitz. Denn weil Graf oder Baron fest zum Namen gehört, ganz amtlich, kommt man nicht um die Worte herum.

Bei Politikern und hohen Beamten müssen Sie sich statt des Namens nur die Funktion merken: Herr Staatssekretär, Herr Bundeskanzler und Herr Minister ersetzt sogar den Namen. Für Botschafter auf internationalem Parkett ist die Ansprache ganz einfach – Exzellenz.

Handy und Telefon

Und ewig lärmt das Handy: Nur auf den Boss müssen Sie warten, wenn sein Handy klingelt

Die Situation ist typisch: Irgendeiner vergisst immer vor einem Meeting, sein Handy leise oder den Ton ganz auszustellen. Plötzlich erfüllt eine James-Bond-Titelmelodie oder der Walkürenritt den Raum, der Handybesitzer kramt hektisch nach dem Störenfried und flüchtet. Schlimmer noch, wenn es ein gängiger Klingelton ist und gleich mehrere anfangen zu wühlen. Ganz schlimm: wenn jemand seine eigene Handymelodie nicht erkennt und es ewig lärmt.

Immer ist die Besprechung unterbrochen, alle sind unsicher, ob sie auf die Rückkehr der geflüchteten Handybesitzer warten müssen oder ob sie unbeeindruckt weiter konferieren sollen. Jetzt zählt die Hierarchie: Auf den Boss wird gewartet, auf den einzigen Experten auch – auf andere nicht. Wer als Moderator sicher gehen will, dass Störungen ausbleiben, sollte vor Beginn ein Handy hoch halten und – als Mahnung – allen zeigen. Die wissen schon, was gemeint ist.

Ganz ähnlich habe ich es in einem Theater erlebt: Der Intendant hatte es so organisiert, dass vor jeder Aufführung sekundenlang ein Band mit einem Handyklingeln lief. Das verstand jeder richtig.

Bleibt die Frage: Wie verhalte ich mich korrekt, wenn ich während eines Meetings einen sehr wichtigen Anruf erwarte? Antwort: Ich gebe das Handy einer Sekretärin, die mich für diesen einen Anruf dann herauswinkt.

Ähnliches gilt für SMS. Auch diese dürfen allenfalls vibrieren, sonst werden wieder alle anderen unruhig, weil sie sich fragen, ob es ihr Handy war. Antworten dürfen Sie an Ort und Stelle jedenfalls nicht, bis auf Ausnahmen, die sozusagen übergeordnete Notfälle sind: wenn Fakten oder Zahlen noch für diese Konferenz erwartet werden oder wenn es sich um eine familiäre Notlage handelt. Sind die empfangenen SMS nicht wichtig für die Sitzung, sollten Sie zumindest den Rückzug nach draußen nutzen, um ihre SMS zu versenden.

Wie sieht es hingegen bei einem echten Geschäftsessen aus? Dem Arbeitsessen, bei dem gegessen, aber trotzdem weiter verhandelt wird – nicht zu verwechseln mit einem Abendessen als Abschluss einer Konferenz. Im ersteren Fall darf das Mobiltelefon auf dem Tisch liegen, es darf jedoch nur vibrieren, für ankommende Gespräche ist die Lobby da.

Bei feierlichen Essen sollen Handys grundsätzlich ausgeschaltet sein. Nur Eltern haben jetzt Privilegien: Sie dürfen für ihre Kinder immer erreichbar bleiben. Wer sich entschuldigen muss oder will, kann sich auf die Verlegerin Angelika Jahr berufen: Sie sagte schon vor Jahrzehnten, dass ihre Kinder sie in jeder Vorstandssitzung anrufen dürfen.

Handy und Telefon

Meine Nummer geb ich nicht!: Handynummern sind Geschenke – man darf nicht darum bitten

Die Anfrage kommt immer ganz vertrauensselig: „Ach, geben Sie mir doch bitte mal eben Ihre Handynummer, falls ich Sie im Büro nicht erreichen kann." Und jetzt sitzt der Gefragte in der Klemme. Darf er nein sagen? Und dem anderen dadurch klar machen „So wichtig sind Sie mir nicht"? Ich meine, man darf die Nummer verweigern. Damit es nicht zum Affront kommt, rate ich, sich der Situation diplomatisch zu entziehen – am besten durch ein kleines Ablenkungsmanöver. „Ach, ich gebe sie Ihnen später, ich kenne sie nicht auswendig." Und dann gehen Sie sofort zum nächsten Thema über. Wenn es nicht ohne Affront abgeht, da der Nachfrager allzu hartnäckig ist, erklären Sie: „Dies ist die Hotline für meine Familie." Von François Mitterrand heißt es, er habe an freien Tagen ein verschlossenes Kuvert mit einer Telefonnummer auf seinem Schreibtisch deponiert. Und das durfte nur im Krisenfall geöffnet werden.

Eigentlich hat der Nachfragende gegen eine Grundregel verstoßen: Die Handynummer erfragt man nicht, das ist ein Tabu. Es ist wie mit Geschenken, die man auch nicht erbitten darf. Genauso wenig darf man Handynummern eines anderen weiterverteilen. Selbst wenn es nicht die Nummer von Verona Feldbusch ist, sondern die eines gemeinsamen Freundes. Ist das Kind schon in den Brunnen gefallen und jemand nutzt die Mobilnummer, der Ihnen absolut ungelegen kommt und für den diese Hotline wirklich nicht gedacht war, dürfen Sie deutlich werden: „Es ist absolut unpassend jetzt, bitte rufen Sie mich später im Büro an." Um dann zu sagen, dass es sich nicht wiederholen darf. Wollen Sie nur in dem Moment nicht gestört werden, ist auch diese Ausrede erlaubt: „Ich sitze gerade am Steuer." Denn im Auto ist das Telefonieren per Handy ohne Freisprechanlage ja ohnehin verboten. Müssen Sie selbst dringend jemanden erreichen, wollen ihn aber nicht allzu sehr stören, oder es ist schon sehr spät am Abend, rate ich zur SMS. Sie ist das diskreteste Kommunikationsmittel, das es momentan gibt. In besonderen Situationen wie bei einem Vorstellungsgespräch, einer Beerdigung oder gar im Theater dürfen Sie auch einfach den Anrufer wegdrücken. Dann kommt es nur darauf an, dass es nicht länger klingelt. Selbst im Großraumabteil der Bahn ist das Telefonieren per Handy ein No-No. Oder hätten Sie es gerne, wenn alle Mitreisenden das Telefonat Ihres Chefs mit anhören, in dem er Ihnen die Meinung sagt oder – schlimmer noch – droht, den Personalchef anzuweisen, Ihnen eine Ermahnung zu schicken?

Handy und Telefon

„Störe ich Sie gerade?“ : Wenn Anrufer kein Gefühl dafür haben, dass sie ungelegen kommen

Vier Worte sind es nur, die alles so viel angenehmer machen würden. Würden, wohlgemerkt. Kaum jemand, der zur Dienstzeit in einer Firma anruft, kommt auf die Idee, zuerst zu fragen „Störe ich Sie gerade?“ Dass der Angerufene Besucher im Raum hat oder zuerst eine eilige Sache erledigen muss, daran scheint niemand zu denken. Viele Telefonierer, die mit dem Anruf über das Festnetz keinen Erfolg haben, versuchen dann ihr Glück auf dem Handy – mit dem Ergebnis, dass sich der Angerufene geradezu verfolgt fühlt. Besser wäre, wenn die Festnetznummer besetzt ist, eine SMS zu schicken – mit Bitte um Rückruf.

Der Siegeszug des PC hat dafür gesorgt, dass es Sekretariate nur noch im Top-Management gibt. Dafür steht auf den meisten Visitenkarten gleich eine Durchwahl. Die Folge: Die Arbeit wird immer schlechter planbar und Störungen sind immer schlechter zu handhaben. Nur wie bleibt man dabei höflich?

Jeder Anrufer sollte stets zuerst fragen, ob er stört. Denn genau genommen ist es die Regel, dass er stört – es sei denn, er ruft ein Callcenter an. Das ist dafür da, Anrufe entgegenzunehmen. Keiner sitzt heute – in Zeiten verdichteter Arbeit – gelangweilt herum. Die stets offenen Bürotüren oder gar Großraumbüros, die wir früher nur aus den USA kannten, sorgen für eine Fülle weiterer Gründe, warum ein Anrufer gerade ungelegen kommen kann. Oder warum ein vertrauliches Gespräch unmöglich ist. Der ahnungslose Anrufer dagegen redet oft gleich drauf los. Brennt dem anderen gerade die Zeit unter den Nägeln und lässt das Engagement des Anrufers ein längeres Gespräch befürchten, ist es jedenfalls nicht unhöflich, ihn so zu bremsen: „Entschuldigung, aber ich sitze an einem Strategiepapier und muss gleich in eine Besprechung. Am Nachmittag hätte ich Zeit." Dagegen wirkt die Variante „Ja, aber bitte beeilen Sie sich, ich habe wenig Zeit" unfreundlich.

Doch was tun, wenn man den Anruf gar nicht haben will? Auch nicht später? „Lassen Sie uns morgen telefonieren", klingt gut, verschiebt das Problem aber nur. Ich empfehle, durch Verständigungslaute wie „okay" oder „gut" eine Zusammenfassung zu schaffen und dann vielleicht die – im Ton freundliche – Schlussbemerkung zu machen: „Da kann ich Ihnen nun leider nicht helfen, auf Wiederhören." Kontraproduktiv sind bestätigende Laute wie „ja" oder „hm". Die ermuntern den anderen nur, weiterzureden. Gut ist, einfach mal zu schweigen. Das hält der andere keine halbe Minute aus. Er wird nachfragen, „Hallo, sind Sie noch dran?" Dann kann man antworten: „Ich muss jetzt Schluss machen."

Weihnachten und andere Feste

Schöne Bescherung: Zu Weihnachten lauern zahlreiche Fettnäpfchen und Stil-Fallen

Kennen Sie diese Weihnachtskarten, bei der Sie den Namen unter den gedruckten Wünschen nicht lesen können? Und Sie keinen Schimmer haben, von wem sie kommt? Ärgerlich genug, wenn man gleich eine Hand voll davon erhält und – gezwungen zur Unhöflichkeit – sich selbst nie bedanken kann. Abgesehen davon: Zwei handschriftliche Zeilen auf der Weihnachtskarte müssen sein, nur eine Unterschrift ist stillos. Eine Weihnachtskarte ohne einen Wunsch kann sich nur ein Vorstandschef oder Minister erlauben, die müssen tatsächlich 1.000 Karten verschicken.

Aber alle Jahre wieder ist zu Weihnachten dasselbe Grübeln angesagt: Was schenke ich meinem Geschäftsfreund, was dem Ansprechpartner, der mir im Laufe des Jahres sehr behilflich war, was der Sekretärin des Geschäftspartners? Wer es sich einfach macht und hinter der Ausrede verschanzt, er würde nicht bestechen, der hat den Schuss nicht gehört. Und nach Asien sollte eine Firma so jemanden schon gar nicht schicken.

Ein kleines Seidentuch, eine CD, ein Duft oder eine Flasche Champagner kosten nicht so viel, dass sich jemand hiervon noch ernsthaft bestechen ließe. Gerade Letzteres ist ideal: Ob Mann, ob Frau, egal ob Top-Position und welchen Alters, über Champagner freuen sich die meisten. Leider verflacht diese Schenkkultur hier zu Lande.

In Asien sind bei jedem persönlichen Treffen Geschenke schon deshalb unerlässlich, weil sie als ein Zeichen von Wertschätzung und Respekt gelten. Zu Weihnachten hingegen sollten Sie nur dann schenken, wenn es Ihnen darum geht, den anderen an der deutschen Tradition teilhaben lassen zu wollen.

Übrigens empfehle ich, bei Firmenweihnachtsfeiern den Mitarbeitern ein kleines Geschenk mit auf den Weg zu geben. Entweder ein gerahmtes Erinnerungsfoto von der Feier, das schon am Ende verteilt wird – oder so etwas wie die oben genannten Präsente. Die dazu passende Geste besteht darin, dass der Chef persönlich jedem die Hand schüttelt und das Geschenk übergibt. Motivierend für die Mitarbeiter ist eine Ansprache vom Chef: Ein kurzer Rückblick und Dank für ihr Engagement sollte zur Identifikation mit der Firma beitragen – und die ist die beste Voraussetzung für innovatives Arbeiten.

Aber der Mitarbeiter hat doch sein Weihnachtsgeld bekommen – was will er noch mehr? Diese Einstellung spricht für wenig Führungsqualität. Das Weihnachtsgeld hat nichts mit Höflichkeit zu tun, es ist vertraglich festgeschrieben oder auch nicht. Aber dem Mitarbeiter am Jahresende für den Einsatz zu danken und ihn so fürs nächste Jahr zu motivieren, ist eine Chance – eine Chance für den Chef.

Weihnachten und andere Feste

Ihr Gast soll die Party lieben: Wenn sich Bayern im Kölner Mundarttheater so gar nicht amüsieren

Meine Freundin war zu einem Event einer Firma eingeladen und erlebte ihr blaues Wunder. Sie kam – wie einige andere Gäste auch – in eleganter Kleidung – und fand sich in einem Pferdestall wieder. Nicht genug, dass meiner Freundin der Bezug zu Pferden fehlt, sie musste auch noch frieren. Die Location war zwar geschmückt, aber kühl. Und sie wurde trotz aller Bemühungen des Gastgebers nicht wärmer. Den Tieren zuzuschauen, wie sie endlos lange im Kreis umherliefen und Figuren vorführten –, meine Freundin konnte sich wahrlich Unterhaltsameres vorstellen.

Ein anderer Fall. Ein Unternehmer aus dem Rheinland hatte lange nachgedacht, was er zum 25-jährigen Firmenjubiläum Geschäftsfreunden und Mitarbeitern Besonderes bieten könne. Ein kölsches Mundarttheater war sein Favorit. Da hatte er sich doch auch schon so prächtig unterhalten. Doch welche Geduldsprobe mag dies für einen Bayern sein? Da wird der teure Abend zum Albtraum, 90 Minuten werden zu gefühlten fünf Stunden.

Beiden Festen ist gemein, dass zwar der Gastgeber etwas besonders Schönes bieten möchte, doch leider seine Interessen nicht die seiner Gäste sind. Ein Golfturnier, das Amerikanern und Asiaten im Regelfall eine besondere Freude sein wird, sollte man nur veranstalten, wenn alle Gäste Golfer sind. Die anderen bringt man dagegen nur in eine unangenehme Situation. Und die müssen dann auch noch eine gute Miene machen.

Denn gerade bei geschäftlichen Einladungen gilt: Lassen Sie sich keine

Abneigung anmerken – Contenance ist angesagt. Ein früher Aufbruch ist tabu.

Ein gelungenes Beispiel bot die Düsseldorfer Beratungsfirma Management Engineers zu ihrem 25-jährigen Jubiläum: Wirtschaftsminister Wolfgang Clement und ein bekannter Journalist boten ein Feuerwerk an Ideen zum Wirtschaftsstandort Deutschland. An der Podiumsdiskussion konnten sich die Gäste beteiligen, die Interessenlage der Geschäftskunden war optimal getroffen.

Das ist bei einer weniger homogenen Gästeschar schwieriger. Ein Gastgeber sollte unbedingt Mühe in die Planung investieren und sich fragen: Was gefällt meinen Gästen? Auf der sicheren Seite sind Sie mit einem Schuss Kultur – einem Kabarettisten, einer Lesung mit einem Schriftsteller oder Schauspieler oder einer Solistin mit musikalischer Begleitung. Dabei ist ideal, wenn für jeden Geschmack etwas dabei ist. Gute Sänger bieten ein Repertoire von Barock bis zum Chanson. Sparen an dieser Stelle ist fatal, hier müssen erstklassige Künstler auftreten, die begeistern. Denn nur die hinterlassen bleibenden Eindruck.

Weihnachten und andere Feste

Das Recht der ersten Rede: Fünf Minuten sind das Maximum für eine Festrede

Die Dame aus der Buchhaltung hatte es nur gut gemeint. Sie war so gerührt, als sich der Deutschland-Chef einer französischen Firma mit einem gesetzten Abendessen in einem vornehmen Hotel von seiner Belegschaft verabschiedete, um zu einem anderen Unternehmen zu wechseln. Er hatte sich gerade für die schöne gemeinsame Zeit bedankt, als plötzlich die Dame – für alle Anwesenden völlig überraschend – das Wort ergriff und sich wiederum wortreich bei ihm bedankte.

Rundherum schwieg man betroffen, der Chef nahm es mit Humor und ging zur Tagesordnung über. Doch es war ein Fauxpas sondergleichen: Reden werden nur auf derselben Hierarchiestufe beantwortet. Wenn es nur einen Chef geben sollte, darf höchstens sein Vertreter das Wort ergreifen.

Das ist auch der Grund, warum man sich für eine Rede immer beim Gastgeber anmelden muss. Weil es auf die Rangfolge ankommt. Anders als bei Familienfeiern, da darf auch Tante Käthe aus Worpswede etwas beisteuern – wann immer sie mag.

Wer bei einem festlichen Anlass etwas sagen möchte, sollte es dem Gastgeber mehrere Tage vorher mitteilen. Die Rede darf maximal fünf Minuten dauern, nicht länger. Einzige Ausnahme: Jubiläen, bei denen ein Rückblick geplant ist. Wer international unterwegs ist, sollte wissen, dass in anderen Kulturen die Rednerfolge eventuell umgekehrt gehandhabt wird. In den USA etwa steht dem wichtigsten Gast das Schlusswort zu.

Am besten bekommt auch die Küche einen Rednerplan. Zum einen, damit während der Reden kein Service erfolgt und zum anderen, damit der Koch keine Nervenzusammenbrüche bekommt. Das habe ich mal in meiner Zeit in Singapur als Ehefrau des Botschafters erlebt, als eine angekündigte Zehn-Minuten-Rede eines Ministerpräsidenten 45 Minuten dauerte. Der Koch verlor fast die Nerven und bangte um seine Reputation. Die Krönung: Nach der Rede bat der Politiker um schnellen Service, da er noch nachts nach Deutschland zurückfliegen musste.

Klar ist immer: Zu offiziellen Veranstaltungen gehört – unabdingbar – eine Begrüßungsrede, um erst einmal alle Gäste willkommen zu heißen, den Anlass noch einmal zu erwähnen und vielleicht etwas zum Ablauf des Abends zu sagen.

Der richtige Zeitpunkt für Reden ist nach der Vorspeise und vor dem Dessert. Mit dem Dessertlöffel auf das Glas zu schlagen, ist heute nicht mehr angesagt. Es genügt, aufzustehen und einige Sekunden zu warten, bis alle Anwesenden ruhig werden.

Geschäftsessen

Nie alleine mit dem Tiramisu: Über die Qual der Wahl des Restaurants für den Business-Lunch

Was so nett klingt, entpuppt sich kurz darauf immer wieder als Falle. Eigentlich geht es nur um die Wahl des richtigen Restaurants für einen Business-Lunch, doch der Teufel steckt im Detail: Derjenige, der wahrscheinlich die Rechnung übernimmt, kommt aus einer anderen Stadt und bittet den Ortskundigen leutselig: „Ich kenne mich in Düsseldorf nicht so gut aus, suchen Sie doch bitte einfach etwas aus." Und schon hat der Düsseldorfer den Schwarzen Peter in der Hand: welche Preiskategorie? Etwas Besonderes? Ein In-Treff, ein Traditionslokal oder etwas Uriges wie eine Brauerei? Möglicherweise ist in diesem Moment noch nicht mal so richtig klar, wer später bezahlt, weil beide ein geschäftliches Interesse verfolgen.

Fest steht: Spezielle Restaurants wie Japaner, das vegetarische Restaurant oder ein Fischrestaurant sind zu riskant. Haken Sie geschickt nach, um herauszufinden, was zum Spesenbudget des Einladenden passt: „Was bevorzugen Sie denn? Geben Sie mir bitte einen Anhaltspunkt." Oder Sie bieten Auswahl: „Um die Ecke ist ein netter Italiener, es gibt aber auch ein sehr schönes französisches Restaurant." Und hoffen, dass das Signal – Französisch teurer, italienisch in allen Preislagen möglich – ankommt. Mein Tipp: Man kann nicht viel verkehrt machen, wenn man in der mittleren Preislage bleibt, weder Pizzabäcker noch Nobelitaliener.

Am einfachsten ist es, wenn das zu erwartende Geschäft groß ist und der Auftragnehmer gut daran verdienen wird. Dann darf er sich nicht kleinlich zeigen, sondern muss mit ersten Adressen aufwarten. Das gilt etwa für einen Top-Anwalt und einen M-Dax-Vorstand, die ein profitables Mandat erörtern.

Achten Sie auf eines: Die Tische sollten weit genug auseinander stehen. Dieser Fehler ist mir einmal passiert, prompt machte der Chef einer Unternehmensberatung auf dem Absatz kehrt. Er hatte Angst, die Leute am Nachbartisch könnten lauschen. Wir steuerten dann seine Niederlassung an, zu essen gab es nichts mehr. Und die Atmosphäre? Entsprechend.

Ist das Geschäft noch nicht sicher, bleibt die Frage, wer zahlt, häufig lange offen. Die Grundregel lautet: Wer die Idee hatte, zahlt. Noch vor dem Bestellen sollte der Gastgeber sagen: „Ich möchte Sie heute einladen." Und dann dem Gast mutig eine Orientierung geben – ihn zappeln zu lassen ist unhöflich. Denn Fragen stellen sich dem Eingeladenen auch jetzt. Soll es Vorspeise, Hauptgericht und Dessert geben? Helfen Sie, indem Sie etwas empfehlen. Jedenfalls haben Sie als Gastgeber eine Pflicht: Auch wenn Sie selbst kein Dessert mehr möchten, dürfen Sie deshalb den Gast nicht um seins bringen. Sind nur zwei Personen anwesend, müssen Sie auch eins bestellen, auch wenn sie es fast nicht anrühren. Nur wenn sie zu dritt sind, darf man als Gastgeber verzichten. Dann besteht ja nicht die Gefahr, dass einer alleine sein Tiramisu essen muss.

Das Hauptproblem, vertraute mir ein Unternehmenssprecher an, sei für ihn die Frage, ob er ein Glas Wein vorschlagen soll – oder ob man ihn dann schon als Alkoholiker ansieht. In Süddeutschland ist das keine Frage und ich meine, auch anderswo nicht. Er muss es anbieten, ein Glas Wein zu einem Essen gehört dazu. Und wer es nicht mag – Nippen genügt. Hauptsache, der andere sitzt nicht mit seinem Glas alleine da.

Geschäftsessen

Die Sitzordnung lügt nicht: Am Sitzplatz beim Essen erkennen Sie, wie wichtig Sie dem Gastgeber sind

Sie möchten mit Ihren Geschäftspartnern, Kunden oder Auftraggebern einen Abschluss feiern? Oder die erfolgreiche Durchführung eines schwierigen Projekts? Und die Ehepartner sollen auch dabei sein? Keine Bange, Ihre Kochkünste oder die Ihres Partners brauchen Sie nicht unter Beweis stellen. Und die eigene Wohnung müssen Sie für das Business-Dinner auch nicht zur Verfügung stellen – obwohl dies immer noch die eleganteste Einladung ist. Doch wenn der Ehepartner des Gastgebers vielleicht auch beruflich eingespannt ist, ist eine Einladung in ein Restaurant die stressfreiere Lösung. Vorausgesetzt, ein paar Klippen werden gleich umschifft.

Die erste Voraussetzung für ein gutes Gelingen ist die Wahl eines entsprechenden Restaurants. Das Menü sollte schon vorher mit dem Koch abgestimmt sein.

Dann kommt es auf eine gut durchdachte Sitzordnung an. Sie erfordert Diplomatie, damit es dem Gastgeber nicht so ergeht: Nach dem Begrüßungssekt bei einer Einladung einer deutschen Unternehmervereinigung in Washington war plötzlich von fünfzehn Gästen einer verschwunden. Grußlos. Stiekum. Was war passiert? Die Gastgeber hatten den Fehler gemacht und die Regeln der Sitzordnung missachtet. Der Gast hatte die Sitzordnung gesehen und als Ignoranz seiner beruflichen Position empfunden. Peinlich für den Gastgeber und unangenehm für diejenigen neben dem leeren Platz.

Ist die Runde viel kleiner, nimmt der Einladende das Regiebuch selbst in die Hand und dirigiert nur die wichtigsten Gäste an ihren Platz – aber bitte möglichst unauffällig. Die Grundregel ist einfach: „Herr Erfolgreich, kommen Sie doch bitte hier an meine rechte Seite.“ Und: „Herr Wunderbar, setzen Sie sich doch zu meiner Linken.“ Diese Regel ist zum einen eine Wertschätzung, aber auch ein Hinweis für die anderen Gäste, wem sie diesen Abend zu verdanken haben. Wer genau die wichtigsten Gäste sind? Ihr wichtigster Kunde und Ihr engster Geschäftspartner gehören in ihre unmittelbare Nähe. Dagegen kann ein Nachwuchsmanager Ihres Hauses – auch wenn er noch so nett ist – ruhig ganz weit weg sitzen. Straffe Regeln gelten beim Großbankett mit Protokoll: Die besten Plätze bekommen die Firmenvertreter der umsatzstärksten Unternehmen. Ansonsten gilt: Nebeneinander gehört, wer dieselbe Sprache spricht oder dieselben Interessen pflegt. Alle Gäste sollen zufrieden und mit den für sie wichtigen Visitenkarten nach Hause gehen. Und wie die vielen Zweifelsfragen beim Wein zu handhaben sind, können sie im nächsten Abschnitt lesen.

Geschäftsessen

Sprengsatz Wein: Wenn der Gast wählt, kann's teuer werden

Das Thema Wein im Restaurant ist ein wahrer Sprengsatz. Die Grundregel ist einfach: Ein offener Wein ist bei einer Abendeinladung tabu. So viel Stil muss schon sein.

Doch dann bricht für viele gestandene Manager das große Rätselraten an, so wie ich es kürzlich in einer Runde mit Bankern in einem Top-Restaurant erlebte. Die Herren der Gastgeberriege schauten sich gegenseitig Hilfe suchend an, bis – und das war angemessen und richtig – die einzige Dame in der Runde die Situation rettete und fragte, „Ist es Ihnen recht, wenn ich aussuche? Wein ist mein Hobby." Sie durfte, aber nur auf Grund der erkennbaren Verzweiflung. Als Gast darf man nicht ohne weiteres zur Weinauswahl schreiten.

Wer kein Weinkenner ist, kann ja vorher den Weinkellner zum Menü den passenden Tropfen aussuchen lassen – und ihm ein Preislimit vorgeben. Warnen kann ich nur vor einem: Bitten Sie, wenn Ihr Preisrahmen limitiert ist, nie den Gast um die Weinauswahl. Sonst geht es Ihnen wie dem Unternehmer, der unversehens den eingeladenen Weinkritiker August F. Winkler herausforderte: Der orderte – mit bestem Gewissen – eine 300-Euro-Flasche, von dem für acht Leute schnell viel mehr auf den Tisch musste. Der Gastgeber wurde blass, aber ihm blieb nur eins: Contenance zu wahren.

Trinken Sie als Gastgeber selbst keinen Wein, vergewissern sie sich, dass der Weinkellner jede Flasche probiert. Sonst trinken die Gäste womöglich korkigen Wein – und Sie bekommen es nicht mit. Ganz diskret muss das Bezahlen laufen, am Tisch darf es nie passieren. Nicht mal in Sichtweite. Am besten regeln Sie es vorher und lassen die Rechnung in Ihre Firma schicken. Worin viele Gastgeber leider immer saumseliger werden, sind ihre Pflichten in puncto Logistik: Sie müssen dafür sorgen, dass der Gast weder Park- noch Garderobengebühr zahlt.

Was so harmlos klingt, kann die gruseligsten Szenen bewirken. Bis hin zur nächtens allein herumirrenden Dame, die Münzgeld wechseln will. Die Notlage bleibt im Gedächtnis. Der Einladende sollte auf seine Kosten Taxen bestellen oder jüngere Mitarbeiter die Gäste nach Hause bringen lassen. Übel ist solches Verhalten: Weinselig der Geschäftsfrau erklären, dass der Taxistand gleich um die Ecke ist, nur zwei Minuten Fußweg – und natürlich steht dann kein Taxi da und die Dame findet sich stattdessen alleine im Dunklen wieder. Oder wie meine Freundin in Washington auf der Mall nachts zwischen schlafenden Obdachlosen. Ich darf Ihnen versichern, dass das kein Handeln im Sinne der Emanzipation ist und stattdessen ein bis dahin gelungener Abend überschattet endet.

Eingeladen und hängen gelassen: Wer als Gast vernachlässigt wird – darf das manchmal auch sagen

Meine Freundin in Washington wollte mir die Geschichte partout nicht glauben. Dabei ist sie wahr. Die Bremer Journalistin, die bei einer Frankfurter Fluggesellschaft zu Besuch war, musste hungrig von dannen ziehen. Der Termin mit ihren beiden Gesprächspartnern hatte den ganzen Mittag über gedauert. Er endete damit, dass ihre Gastgeber um 14.30 Uhr aufstanden, sich zunickten und vermeldeten, dass sie nun essen gingen. Der verdutzten Dame drückten sie am Aufzug freundlich die Hand – zum Abschied, wie sie dann begriff. Die Gretchenfrage lautet, ob sie als Auswärtige in einer solchen Situation – zu einer Uhrzeit, wo Restaurants oft nichts mehr bieten und in einer fremden Stadt und alleine – insistieren darf. Darf Sie sich „aufdrängen"? Eigentlich nicht, denn Höflichkeit kann man nicht einfordern und Unhöflichkeiten muss man ignorieren.

Ich meine, hier sind Abweichungen von der Etikette gestattet. Man darf nicht stillos kontern, nicht süffisant oder ironisch werden, aber wenigstens diese Nachfrage ist zulässig: „Ich würde jetzt auch gerne etwas essen, haben Sie einen Restauranttipp?" Wenn der Gesprächspartner jetzt immer noch nicht merkt, was die Glocke geschlagen hat, gibt es nur eine Konsequenz: Nie mehr wieder mit ihm einen Termin mittags vereinbaren. Bleibt die Frage, ob die Dame aus Bremen vorher schon hätte gegensteuern können. Am einfachsten wäre es schon beim Terminieren gewesen, sich direkt im Restaurant zu treffen. Der Vorschlag während des Termins, ein Pizza-Taxi anzurufen, ist heikel. Besser, sie macht Bemerkungen, die humorvoll daherkommen, wie „Was Sie da hören, ist mein Magen." Nur bei Gesprächen mit dem Vorstand und der Führungsetage bleibt einzig und allein die Contenance – ohne Rücksicht auf den knurrenden Magen.

Gäste, die sogar ohne Wasser und Kaffee sitzen gelassen werden, dürfen selbstverständlich fragen. So erging es etwa einem Besucher nach einer Flugreise zu einem Bundesrichter. Der Jurist begrüßte ihn freundlich, geleitete ihn in die Sitzecke und sagte völlig arglos: „Sie haben doch nichts dagegen, wenn ich meinen Kaffee weiter trinke."

Ganz unverzeihlich ist, wenn ein Gastgeber – wie kürzlich ein Rechtsanwalt – umdisponiert, ein geplantes Essen über den Kopf des Eingeladenen hinweg ausfallen lässt und mit ihm statt dessen in ein Büro wandert – weil ihm das Restaurant nicht passte, weil dort jemand saß, dem er nicht begegnen wollte oder was auch immer der Grund war. In dem Fall darf der Gast ruhig irgendwann nachfragen, ob man einen Pizza-Boten bestellen kann.

Das Beispiel verweist jedenfalls noch auf einen anderen Fettnapf: Wenn Sie in ein Restaurant einladen, überlassen Sie dem Gast nie die Auswahl des Lokals, nur weil er ortskundig ist. Programmiert ist dann das folgende Dilemma: Der Gast wählt stets, um bescheiden zu sein, einen ganz einfachen Italiener – und Sie wollten ihm eine besondere Freude machen oder legen selbst Wert auf ein besseres Ambiente. Pech gehabt.

Wer übrigens Asiaten zur Mittagszeit schmoren lässt, statt sie zum Essen auszuführen, hat sein Geschäft schon verloren. Solch ein Verhalten interpretieren Asiaten nicht nur als Fauxpas, sondern sogar als einen unverzeihlichen Affront und als Ablehnung ihrer Person. Und weil in ihrer Kultur Geschäfte nur mit Personen und nicht mit Firmen gemacht werden, ist das auch konsequent.

Geschäftsessen

Sitzfleisch zu beweisen ist tabu: Pünktlich zu gehen, ist in den USA ein Akt der Höflichkeit

Wenn Sie jemals im Weißen Haus in Washington eingeladen sind, sollten Sie eines tun: Seien Sie superpünktlich. Wer nur fünf Minuten zu spät kommt – so habe ich es mal erlebt, als ein deutscher Politiker dort geehrt wurde – den lässt der Wachmann nicht mehr hinein.

Schade eigentlich, dass der traditionelle Hinweis, auf Einladungen dazu zu schreiben „s.t.", also sine tempore und pünktlich auf die Minute beziehungsweise „c.t.", als cum tempore und mit einer Karenzzeit von 15 Minuten, immer seltener vorkommt. Als Grundregel dürfte dies helfen: Je kleiner der Kreis und je offizieller der Anlass, umso pünktlicher sollten Sie sein.

Anders ist es natürlich bei Geschäftsterminen, besonders bei auswärtigen. Verspätungen, versursacht durch Staus oder öffentliche Verkehrsmittel ergeben sich schnell. 15 Minuten eher abzufahren, als die voraussichtliche Fahrzeit dauert, ist ein Akt professioneller Höflichkeit. Wer aufgehalten wird, sollte aber zumindest kurz seinem Gastgeber Bescheid geben – und wenn es per SMS geschieht. Dies ist übrigens eins der höflichsten Mittel im Umgang: Sie stört nicht, ist diskret und man kann sie lesen und beantworten, wann man will.

Wenn keiner nur auf Sie persönlich wartet, weil ohnehin über hundert Gäste geladen sind wie bei einem Empfang oder einem Ball, dürfen Sie beruhigt bis zu 30 Minuten zu spät kommen. Das Verlassen der Veranstaltung ist ebenso flexibel machbar: Es reicht – als Acte de Présance – sich eine halbe Stunde zu zeigen. Dann hat man als Firmenvertreter die nötigen Avancen gemacht. Der Höflichkeit ist genüge getan, und man darf dann gehen.

Wer zu einem Essen zu spät kommt, der sollte unbedingt beim Ankommen diese Regel beherzigen: Der Gastgeber verdient noch eine kurze Erklärung, aber bitte keinen langatmigen Vorreden für die anderen Gäste, während der Braten in der Küche noch trockener wird.

Was nicht geht: Ist ein Endpunkt angegeben, darf man kein Sitzfleisch beweisen. Das ist eine deutsche Attitüde, nett und gemütlich – nur leider unangebracht. Amerikaner dagegen folgen der Regel, 15 Minuten nach dem letzten Gang eines Geschäfts-Dinners oder -Lunch aufzubrechen.

Enorm wichtig ist das Thema Pünktlichkeit für einen Asiaten und zwar deshalb: Muss er warten, empfindet er dies als Gesichtsverlust und meint, dem anderen nicht vertrauen zu können. Die Folgen können fatal sein und gehen bis zum Abbruch der Geschäftsbeziehung. Dann hilft nur noch eine dritte Vertrauensperson, die vermittelt.

Geschäftsessen

„Ich will neben Elisabeth sitzen“: Ein Gastgeber, der nicht den Regisseur spielt, hat seine Rolle verfehlt

„Ich möchte lieber neben Elisabeth sitzen“, sprach die Vertriebschefin und vertauschte flugs die Tischkärtchen. Dem Gastgeber entglitten die Gesichtszüge, seine wohldurchdachte Sitzordnung drohte ins Wanken zu kommen. Darf man – oder frau – das? Ganz klar, nein. Vor allem: Was darf der Gastgeber gegen diese Selbstherrlichkeit unternehmen? Er sollte abwägen, wie er reagiert. Immerhin fühlt sich jeder, der deshalb gerüffelt wird, erst einmal die nächste halbe Stunde schlecht. Ist es wichtig, dass die Tischordnung bleibt – damit wichtige Kontakte geknüpft werden und bestimmte Menschen sich kennen lernen – muss er einschreiten. Am elegantesten ist es, einen Mitarbeiter hin zu schicken, der dem eigenmächtigen Gast sagt, er habe die Aufgabe, darauf zu achten, dass die Sitzordnung eingehalten wird. Ist die Runde klein und kein Mitarbeiter da, reicht dieser Satz: „Ich bitte um Verständnis, dass ich an der Tischordnung gerne festhalten möchte.“

Fehlen Tischkärtchen oder ist die Runde klein genug, müssen Sie als Gastgeber das Heft in die Hand nehmen. Es ist heute geradezu klassisch, dass die Gäste sich nicht zu setzen wagen. Die Grundregel ist: Die Damen dürfen sich setzen, kein Herr jedoch, bevor auch die letzte Dame sitzt. Und: Kommt eine Dame später an den Tisch, müssen sich die Herren für sie erheben. Sitzt also noch niemand, beginnen Sie, die Plätze zuzuweisen. Oder Sie fordern die Gäste auf, sich zu setzen, wohin sie mögen.

Als Gastgeber sind Sie es, der die ganze Zeit Regie führen muss. Erst wenn Sie die Vorspeise essen, dürfen es die Gäste Ihnen nachtun. Erst wenn der letzte Gast sein Essen beendet hat, dürfen Sie durch das geschlossene Besteck dem Kellner zeigen, dass er abräumen darf. Sonst riskieren Sie, dass ausländische Gäste wie Asiaten und manche Amerikaner ebenfalls aufhören zu essen. Ähnliches gilt für heiße Sommertage: Erst wenn Sie das Jackett ablegen und die Gäste bitten, dies auch zu tun, dürfen jene folgen.

Eine kleine Begrüßungsrede sollte der Gastgeber immer halten. Möchten Gäste auch eine Rede halten, sollten sie sich vorher anmelden. Sonst geht es Ihnen, wie ich es bei dem Abschied eines Managers erlebte: Nach dessen Rede erhob sich plötzlich eine sichtlich ergriffene Mitarbeiterin aus der Buchhaltung und hielt eine Ansprache. Sie überging damit einen wichtigen Geschäftspartner, der einschnappte wie eine Auster – weil nun mal der Wichtigste zuerst das Rederecht hat. Und der war er. Als Gastgeber lässt sich die Situation nur mit einem Dank „für die spontane Rede“ retten.

Geschäftsessen

Wenn das Salz fehlt: Beim Business-Dinner ist Bütterchen schmieren tabu, Gläser müssen klingen

Haben Sie auch schon einmal neben einem eiligen Esser gesessen? Mir ist es schon ganz oft passiert. Der Tischherr schaltet plötzlich ab, schlingt fast das Essen in sich hinein, blendet sich völlig aus dem Tischgespräch aus und ist quasi abwesend. Er sagt nicht einmal, ob es ihm schmeckt. Wenn ich dies beobachte, dann fast immer bei Männern. Und auch nie im Ausland, immer nur hier oder mit Deutschen im Ausland. Manch einer wacht dann plötzlich auf, entschuldigt sich.

Was bei Franzosen und Italienern selbstverständlich ist, sich aber hier noch nicht überall durchgesetzt hat: Ein Essen darf dauern. Stunden. Deshalb sollte man auch nicht erschrecken, wenn ein Tisch überladen ist mit Geschirr, Besteck und Gläsern – alles wird im Laufe des Abends gebraucht. Reihen sich neben Ihrem Teller rechts vier Messer oder Löffel und links drei Gabeln auf, dann benutzen Sie diese von außen nach innen. So wie die Gläser auch, bei denen geht es von rechts nach links.

Das kleine Messer auf dem Tellerchen links neben dem großen Teller ist für das Brot. Apropos Brot: Im Restaurant und bei anderen Einladungen werden Brot und Brötchen immer gebrochen, ausnahmslos. Bitte kommen Sie nicht auf die Idee – niemals – sich ein Bütterchen zu schmieren, so wie daheim bei Muttern.

Und auch diesen häuslichen Brauch sollten Sie bei gesetztem Essen zu Hause lassen: das „Guten- Appetit-Wünschen“. Das war übrigens noch nie anders und ist international auch unüblich. Ebenso unüblich ist es, „Gesundheit" zu sagen, wenn jemand niest.

Kommt es zum ersten Zuprosten etwa auf den Vertragsschluss, fragen sich etliche, wo sie um Himmels willen das Weinglas anfassen dürfen. Die Lösung ist simpel: Am Stiel, dafür ist er da. Und klingen könnte es sonst auch nicht. Profis erkennen dann schon am Klang der anstoßenden Gläser, wie teuer sie sind, ob es sich um Kristallgläser handelt oder um die guten Gepressten. Achten Sie mal drauf. Beim nächsten Weinglaskauf wird das ein Kriterium für Sie sein.

Sind Sie selbst der Gastgeber, achten Sie bei Gästen aus arabischen Ländern darauf, dass mehr Salzstreuer als sonst auf dem Tisch verteilt sind. In diesen Kulturen wird mehr Salz beim Essen verwendet als bei uns. Hier ist das andere Extrem zu beobachten: Die Speisen sind oft fast ungesalzen, dahinter steht die Überzeugung, das sei gesünder. Wer würzt, ohne überhaupt gekostet zu haben, benimmt sich daneben – und fällt durch den alten Personalchef-Test. Er gilt dann nämlich als unflexibel. Aber fragen nach dem Salz dürfen Sie immer.

Geschäftsessen

Das letzte Mozzarellabällchen: Warum Buffets nicht nur heiße Schlachten auslösen, sondern einsam machen

Am Buffet werden gestandene Manager zu kleinen Jungs. Da bahnen sich Triebe ihren Weg, die man sonst nicht vermutet hätte: So, als wäre es das letzte Essen für Tage, schubsen und drängeln sie, um ja genug vom Lachs oder den Shrimps zu ergattern.

So drollig es klingt, so nötig ist dieser Appell: Rühren Sie bitte das Buffet nicht an, bevor es eröffnet wird. Und verkneifen Sie sich jedes Naschen, auch wenn sie sich unbeobachtet glauben oder der Versuchung kaum widerstehen können. Ich habe schon zwei Manager auf ihrem eigenen Firmenfest beobachtet, die noch stolz darauf waren und sich damit brüsteten, dass sie sich vorab fast alle Sushi-Röllchen einverleibt hatten – während ihre Mitarbeiter brav die musikalische Darbietung anhörten. Das ist der Gipfel des schlechten Benehmens, wenn man es auch noch vermarkten will.

Ist das Buffet dann eröffnet, gilt für die Warteschlange striktes Überholverbot. Aber schauen Sie bitte nicht stur auf das Essen, sondern nutzen Sie die Zeit zum Small Talk in der Reihe. Doch was tun, wenn die ersten Platten fast leer geräumt sind und vielleicht nur noch drei der begehrten Mozzarellabällchen da sind – darf man die nehmen? Ich meine, ja. Nur sollte es nicht die halbe Platte sein, die man sich auflädt. Zügigkeit ist übrigens die Devise: Wenn Zögerer und Zauderer sich nicht zwischen den Salaten oder Soßen entscheiden können – und die Wartenden womöglich noch laut in ihre schwerwiegenden Überlegungen einbeziehen – kommt alles ins Stocken.

Überhaupt können Buffets auch eine sehr einsame Angelegenheit sein: wenn man plötzlich der einzige Mensch an einem großen Tisch für acht Leute ist und alle anderen noch unterwegs sind. Dann sollten Sie zumindest anfangen zu essen. Die Etikette gebietet nicht, dass Sie warten. Umgekehrt passiert aber eines viel zu häufig und ist grob unhöflich: dass alle unüberlegt weglaufen und einen Einzelnen alleine am Tisch vergessen. Ganz schlimm ist es, wenn die verlassene Person auch noch eine Dame ist. Bitte muten Sie diese Lage niemandem zu. Warten Sie, bis ein anderer zurückkommt und gehen Sie erst dann zum Buffet.

Ein guter Gast kann sich bei den anderen Gästen übrigens auf diese Weise beliebt machen: wenn er vom Käse oder dem Dessert selbst einen größeren Teller zusammenstellt und in die Tischmitte stellt, zur freien Bedienung. Das bekommt obendrein dem Tischgespräch gut – schließlich verbindet es, mit den Nachbarn vom selben Teller zu nehmen.

Geschäftsessen

Plan B ist die Frikadelle: Ein gutes Buffet braucht einen Wachmann und einen Moderator

Ein Gastgeber, der lieber auf ein Buffet setzt, weil er es sich und den Gästen einfach machen möchte, ist auf dem Holzweg. Buffets brauchen viel mehr Aufmerksamkeit, wenn das Fest nicht in Chaos und Unzufriedenheit enden soll. Die erste Regel: Sie brauchen sehr viel Personal, noch mehr als bei einem gesetzten Essen. Die Faustregel lautet: ein Kellner pro Tisch. Und auf dem Tisch darf ein leerer Teller nie länger als zwei Minuten stehen.

Mit der Eröffnungsrede beginnt es. Sie muss sein, alleine schon, um an ihrem Ende das Buffet als eröffnet zu erklären. Und um den hungrigen Gästen zu verraten, wo sie Teller, Besteck und Wein finden. Ich empfehle, Wasser und Rotwein in Karaffen immer auf dem Tisch stehen zu haben. Nichts ist peinlicher für die Gäste, als wenn sie mit dem Kellner um die Weinflasche rangeln müssen, weil es große Tische – meist acht bis zehn Plätze – sind und eine Flasche schnell leer ist. Kellner, die dann den Wein verteidigen wie ihr Leben, sind keine Seltenheit. Der Weißwein jedoch muss stets neu – weil kalt – gebracht werden.

Am geschicktesten ist diese Organisation: Damit nicht alle gleichzeitig zu den Platten stürzen und die letzten Hungrigen zwanzig Minuten mit Schlangestehen verbringen, ist tischweises Antreten angesagt. Das sollten Sie in Ihrer Eröffnungsrede ankündigen und den Oberkellner dann die Tische nacheinander auffordern lassen, sich das Essen zu holen.

Mit dem Hotelmanager sollten sie dies vorab besprechen: dass seine Küchenkräfte hinter dem Buffet nicht die Gäste maßregeln dürfen. Verweise nach dem Motto: „Das Warme gebe ich hier auf", höre ich immer wieder. Sie sind für die Gäste, die sich plötzlich als kleine Kinder behandelt sehen, nicht amüsant.

Auch diesen Punkt müssen Sie sicherstellten: Ein gutes Buffet darf nie unbewacht sein. Platten, die sich leeren, müssen sofort – ehe sie kahl und abgeräumt da stehen – ersetzt werden. Noch bevor Gäste an ihnen entlang defilieren müssen. Nichts ist ärgerlicher, als wenn sich jemand auf die Lammkoteletts oder die Rotbarbe freut, die er schon auf anderen Tellern an sich vorbei ziehen sah und nun – nach dem ersten Ansturm – nicht mehr vorfindet. Vor allem soll nicht Plan B mit kleinen Frikadellen zum Einsatz kommen und die späteren Tische benachteiligen.

Apropos: Nehmen Sie unbedingt Rücksicht auf Empfindlichkeiten und die Religion der Gäste: So darf Schweine- und Rindfleisch nie auf ein- und derselben Platte liegen. Und damit jeder die Fleischsorte erkennt, auch internationale Gäste, gehört ein Schildchen dran, aber mit Bild.

Servietten sind keine Paradekissen: Warum Sie zur Not mit dem Gast in den Fettnapf springen müssen

Die Gretchenfrage: Sind Sie bereit, aus der Fingerschale mit Wasser und Zitronenscheibe zu trinken? Einem Gast zuliebe? Denn nur dann sind Sie ein wirklich guter Gastgeber. Es gibt nämlich immer noch genügend Menschen, die ins Rätseln ob dieser kleinen Schale verfallen. Die sie nicht als Signal dafür erkennen, dass sie den nächsten Gang mit den Fingern essen dürfen. Stattdessen nippen sie daran – und unangenehme Gäste rüffeln die armen Ahnungslosen noch oder ziehen missbilligend – aber gut sichtbar für alle anderen – die Augenbrauen hoch.

In einer solchen Situation kommt der gute Gastgeber zum Einsatz: Er trinkt einfach mit, ganz ruhig und selbstverständlich. Die absolut oberste Grundregel heißt: Alle Gäste müssen sich wohl fühlen. Und das ist gar nicht einmal so einfach. Egal, welchen vermeintlichen Fehler Ihr Gast macht: Ignorieren Sie ihn. Geht dies nicht, müssen Sie zur höchsten Stufe der Höflichkeit übergehen – und denselben Fehler auch machen. Siehe oben.

Oberste Priorität ist es, niemanden in peinliche Situationen zu bringen. Manchmal reicht schon ein Blick, den sich Gäste viel sagend zuwerfen. Etwa wenn ein Amerikaner beim Essen eine Hand – so wie es die US-Etikette gebietet – unter dem Tisch lässt.

Für Unsicherheiten am Tisch gibt es endlose Möglichkeiten. Schon die Serviette bereitet manchem Probleme: Wohin mit dem riesigen Teil? Die edlen Stoffservietten sind immerhin 55 mal 55 Zentimeter groß. Sie gehört beim Decken links neben dem Teller. Der Gast sollte sie auf den Schoß legen, direkt nach dem Setzen, und da bleibt sie während des gesamten Essens. Wie viele Leute ihre Servietten wie Paradekissen schonen und nicht nur unberührt, sondern gleich auf dem Tisch lassen, erstaunt mich immer wieder. Papierservietten sind unpassend und nur für Grillabende, Betriebsausflüge oder Stehempfänge geeignet. In Italien gibt es Stoffservietten auch in einfachen Restaurants, und sie stehen als Posten auf der Rechnung.

Damen jedenfalls sollten ihre Stoffserviette zu einem Rechteck gefaltet auf ihren Schoß, mit der offenen Seite zu sich hin legen. Damit die Lippen mit der Innenseite abgetupft werden können und keine rot verschmierten Servietten sichtbar auf dem Schoß liegen.

Apropos: Zum Thema Lippenstift taucht immer wieder die Frage auf, ob das Nachschminken am Tisch erlaubt ist. Ich meine: nein. Ebenso wenig wie Pulen in den Zähnen mit Zahnstochern. Sie gehören auf die Toilette. Schließlich würde auch kein Mann am Tisch seine Nasenhaare schneiden.

Tunken und Pusten ist tabu. Aber Kartoffeln darf man ruhig mit dem Messer schneiden

Mit echten Suppentassen hat man an der Tafel ein Problem weniger: Gibt es als Vorspeise eine Suppe, so darf diese auch am Henkel angefasst und aus der Tasse getrunken werden. Dass man dies nicht darf, ist ein weit verbreiteter Irrglaube. Ganz oft sehe ich missbilligende Blicke gegenüber den Henkelbenutzern, obwohl sie diese beileibe nicht verdienen. Sie verhalten sich korrekt.

Anders ist es beim Suppenteller: Er darf der Etikette nach gar nicht gekippt werden. Einen vernünftigen Grund dafür gibt es nicht. Wahrscheinlich befolgt deshalb auch niemand diese Regel ganz strikt. Leicht kippen ist erlaubt. Doch bitte verzichten Sie auf den allerletzten Rest. Und tun Sie vor allem eins nicht: Nehmen Sie auf gar keinen Fall ein Stück Brot und tunken den Rest. Egal, wie gut es schmeckt. Auch Ihren Hunger müssen Sie zügeln: Pusten ist verboten.

Immer wieder verwirrend ist undefinierbares Grünzeug auf dem Teller. Ganz schwierig wird es, wenn dieses Grünzeug auch noch richtige Blüten hat und man eigentlich denkt, es gehöre in eine Vase. Für diese Tellerdekorationen gibt es eine unumstößliche und international gültige Regel. Danach ist alles, was sich auf dem Teller befindet, essbar.

Wo rechts und links ist, müssen sich bei gesetzten Essen insbesondere die Gastgeber merken: Platten reicht man immer von links an. Einfach, weil die meisten Menschen Rechtshänder sind und sich so besser bedienen können. Doch was ist im Konfliktfall? Wenn Sie gerade mit ihrem Tischnachbarn sprechen und der Rehrücken kommt dazwischen? Genauer gesagt, die Platte. Richtig, was warm ist, geht vor. Langes Warten beschert den anderen Gästen lauwarmes Essen.

Wichtig ist die Reihenfolge, wer zuerst die Platten bekommt. Einfach der Reihe nach, geht nicht. Nach dem Protokoll werden die Damen zuerst bedient. Zuletzt nimmt sich der Gastgeber. Diese Regel finde ich unlogisch, weil sie alle Ziele der Höflichkeit verfehlt: In der Gesellschaft haben Damen immer noch eine Sonderstellung. Auch wenn sie diese im beruflichen Kontext nicht haben – da entscheidet allein die Hierarchie. Zurück zum Essen: Die Damen haben dann immer ein halb kaltes Essen und der Gastgeber ein wohl temperiertes. Denn beim gesetzten Essen darf erst begonnen werden, wenn auch der Letzte genommen hat. Eine sinnlose Regel gilt heute zum Glück nicht mehr: Kartoffeln dürfen Sie schneiden. Die Messer, deren Klingen früher aus Stahl oder Silber waren, liefen an. Das ist jetzt nicht mehr so.

Geschäftsessen

Wenn der Kellner korrigiert: Links oder rechts, vorneweg oder hinterdrein – das ist die Frage

Kellner haben etwas von Oberlehrern: Linkshänder, die sich das Besteck umsortieren, müssen sich immer erst mal korrigieren lassen. Keiner kommt auf die Idee zu fragen, ob der Gast es vielleicht selbst so gelegt hat. Haben uns Linkshänder die Eltern noch damit gequält, dass wir mit der „schönen" Hand den Löffel und das Messer benutzen sollen, so gilt diese Regel nicht mehr. Aber wer umsortieren will, sollte es still und dezent machen. Also wenn der Gang auf den Tisch kommt und besser nicht vorher. Jedenfalls ist es tabu, das Umsortieren zu kommentieren.

Falsch gemacht wird jedoch häufig diese Regel: Serviert der Gastgeber auf Platten, so wird das Gericht links vom Gast angereicht. Der Grund ist, dass die Menschen sich so besser bedienen können. Die Getränke dagegen kommen von rechts.

Ein Leser fragte, ob er seine Armbanduhr auch rechts tragen darf. Er darf. Schon der Ex-Opel-Manager Ignacio Lopez und seine Krieger trugen sie rechts – als Zeichen der Ergebenheit.

Rechts und Links haben auch dann Bedeutung, wenn ein Mann und eine Frau nebeneinander hergehen. Begleitet zum Beispiel ein Mann einen weiblichen Gast durch die Firma, geht er am besten links – egal, in welcher Hierarchiestufe er ist. Gehen beide durch eine Tür, muss – nach wie vor, allen Emanzipationsgedanken zum Trotz – der Herr die Tür öffnen und die Dame vorgehen lassen. Anders als im Restaurant. Das machen bemerkenswert viele Männer falsch. Ihnen ist nur die Grundregel bekannt, dass der Frau der Vortritt gebührt. Doch in Restaurants gilt die Regel: In fremde Terrains geht der Mann vor – und hält von innen die Türe offen. Auf Flughäfen erlebe ich heute leider richtiggehend ruppige Formen: Die Herren der Schöpfung drängeln und schubsen, vor allem wenn es freie Sitzwahl gibt. Stehen Mann und Frau vor der Gangway, ist es höflich, die Frau vorgehen zu lassen. Die alte Befürchtung, man könne ihr unter den Rock schauen, hat sich überlebt.

Gehen Mann und Frau dagegen auf dem Bürgersteig nebeneinander her, geht der Mann zunächst einmal links. Bei jeder Veränderung – der Bürgersteig wird schmal oder es beginnt zu regnen – darf die Dame an der Hauswand und im Trockenen entlang gehen. Es gibt aber Situationen, in denen die Hierarchie den Ausschlag gibt: Begrüßen ein Manager und seine Frau gemeinsam Gäste, so ist er es, der zuerst die Hände schüttelt. Insgesamt gilt: Sie sollten diese Regeln nicht zwanghaft befolgen, es soll beiläufig richtig sein – und nicht der Form halber.

Geschäftsessen

Nicht ohne meinen Caterer: Geschäftsbesuch nach Hause einzuladen, muss kein Horrortrip sein

Ausländer, die in deutschen Unternehmen arbeiten, staunen immer über diese Attitüde: dass Deutsche nur sehr zögerlich – wenn überhaupt – Kollegen oder Geschäftspartner zu sich nach Hause einladen. Das wäre in Ländern wie den USA, in Südamerika oder Schweden kein Thema. Der Deutsche schottet sich aber tendenziell ab nach dem Motto „My home is my castle".

Die Zwickmühle ist: Vorgesetzte erwarten durchaus, dass wichtige Kunden oder andere Gäste, die für die Firma wichtig sind, einmal eingeladen werden. Und zwar am besten nach Hause, in die eigenen vier Wände. Doch da stellen sich oft Probleme: Der Partner erstickt selbst in Arbeit. Manche scheuen sich, ihre Kochkunst unter Beweis zu stellen oder fürchten, ihre Wohnung sei nicht repräsentativ genug. Oder zu klein. Und überhaupt, warum soll man sich den Stress antun?

Dabei ist alles nur eine Frage der Organisation, nicht einmal selbst zu kochen ist nötig. Die Wohnungsgröße ist egal – ein Gast spürt nur die Atmosphäre und geht nicht mit dem geistigen Zollstock durch die Wohnung. Der Tisch sollte festlich gedeckt sein, am besten dekorieren Sie den Raum mit zwei Blumenarrangements.

Auch dem Partner kann es nützen, sein Netzwerk zu erweitern. Dafür muss ihn allerdings der Einladende briefen und ihm die wichtigsten Fakten vorher nahe bringen. Bei einem professionellen Meeting sollte niemand wie ein Dummchen am Tisch sitzen und keine Ahnung vom Business haben. Am besten, Sie sind vorsichtshalber 45 Minuten vor dem Termin mit allen Vorbereitungen fertig – Gäste irren schon mal in der Uhrzeit.

Das Kochen kann ein Caterer erledigen. Das bietet sich ohnehin an, damit Sie als Gastgeber sich um die Gäste kümmern können und nicht den halben Abend in der Küche stehen müssen. Das macht man gerne für Freunde, aber bei offiziellen Essen lieber nicht.

Verlassen Sie sich aber nie auf beruhigende Sätze des Caterers wie: „Das ist unserer Job, Sie können sich auf uns verlassen." Selbst wenn es stimmt – tun Sie es nicht. Lassen Sie sich als Verantwortlicher nicht das Regieheft aus der Hand nehmen. Sprechen Sie das Menü durch, ordern Sie vorsichtshalber zusätzlich ein vegetarisches Essen. Machen Sie deutlich, dass Sie freundliches Personal brauchen, geben Sie an, wie lang die Zeitspanne zwischen den Gängen sein soll und wo welche Getränke gereicht werden. Zum Beispiel der Kaffee – gibt es ihn am Tisch oder am Kamin? Je genauer alles besprochen ist und je genauer der Caterer Ihre Vorstellungen kennt, desto entspannter wird es.

Geschäftsessen

Wie im Zoo: Wenn Nichtraucher den Rauchern draußen vor der Scheibe zugucken

Es gibt einen Ausnahmefall, in dem Sie immer gnadenlos ehrlich sein sollten: wenn ein Besucher Sie fragt, ob er bei Ihnen rauchen darf. Für den Fragenden ist es sonst wirklich nicht abschätzbar, ob rauchen erlaubt ist oder nicht. Ob der Gastgeber nur aus Höflichkeit zustimmt, aber in Wirklichkeit das Qualmen doch nicht will. Antwortet er zögerlich mit „Eigentlich habe ich das nicht so gerne, aber eine können Sie gerne rauchen“, rate ich zum Ausharren. Und die Zigaretten gar nicht erst auszupacken oder zu sagen „Ich warte gerne, bis die Besprechung zu Ende ist.“

Erste Indizien sind, ob der Gastgeber selbst Aschenbecher auf dem Tisch stehen hat. Wenn nicht, sollten Sie gar nicht erst fragen. Umgekehrt sollten rauchende Gastgeber zehn Minuten, bevor ihr Besuch kommt, den Raum lüften – und das Rauchen einstellen.

Überall gilt die Devise: In Großraumbüros, Konferenzen und schon dreimal im Fahrstuhl ist Rauchen tabu. Vor einem offiziellen Essen darf eventuell beim Aperitif geraucht werden, bei Tisch frühestens vor dem Dessert. Während des Essens auf keinen Fall. Herren sollten ihren Tischdamen Feuer geben. Nur aufzustehen brauchen sie nicht mehr. Aber ein Feuerzeug dabei haben, das sollte ein Herr immer – auch wenn er nicht raucht.

Ganz heikel wird es, wenn eine Einladung in einer Privatwohnung stattfindet. Erst diesen Winter erlebte ich wieder, wie Raucher darauf bestanden, ihre Nach-dem-Essen-Zigarette unbedingt auf dem Balkon zu inhalieren. Um nur ja niemanden zu belästigen. Es war eine Sechser-Runde und die Folgen verheerend. Nicht nur, dass die Gesprächsdynamik erheblich gebremst wurde. Die Runde wurde fast gesprengt und die vorherige gute Stimmung erst nach einer ganzen Zeit wieder hergestellt. Ganz abgesehen davon, dass es eine ulkige Situation ist – fast wie im Zoo: Die einen sitzen hinter der Scheibe und betrachten die Qualmenden draußen vor der Scheibe. Die hingegen frieren erbärmlich – oder haben gleich ihre Mäntel umgelegt. Auch das ist ungemütlich, wenn diese am Esstisch vorbei getragen werden. Ganz abgesehen davon, wie drollig es ist, erst mal den Balkon oder die Terrasse mit Aschenbechern zu versorgen.

Noch haben wir keine amerikanischen Verhältnisse, aber wir sind wohl auf bestem Wege. In den USA ist das Rauchen verpönt und gesellschaftlich nicht gestattet. Ob bei einem Business Event oder privat in den USA – bitte nicht rauchen. Italien hat seit Jahresbeginn strenge Regeln: Das Rauchen ist in allen Restaurants und Bars verboten.

Ein letztes Glas im Stehen: Wann es erlaubt ist, als Gast stiekum zu verschwinden – und wann nicht

Der professionelle Gast kommt pünktlich, beteiligt sich angeregt an der Unterhaltung, bleibt nicht zu lange und geht nicht zu früh. Soweit die Grundregel. Nun darf jeder selbst grübeln, welcher Zeitpunkt der richtige für den geordneten Rückzug ist. Einmal habe ich den Sprecher eines Ministeriums in einer absoluten Stressphase erlebt, vor Überarbeitung schlief er am Tisch ein. Der Herr war einfach zu höflich gewesen und wollte sich nicht zu früh verabschieden. Doch: Bei Erschöpfung und Unwohlsein treten auch Höflichkeitsregeln zurück. Der Ärmste hätte es nur kurz erklären müssen und wäre entschuldigt gewesen.

Unhöflich ist es jedenfalls, gleich nach dem Essen aufzubrechen. Egal, ob es eine geschäftliche oder eine private Einladung ist. Selbst wenn man am nächsten Morgen um neun Uhr Abschlag auf dem Golfplatz hat – das höre ich immer öfter als Begründung – hat der Gast die Pflicht, sich einzubringen und nicht am Ende noch eine gemütliche Runde zu sprengen. Für den Gastgeber ist es nämlich sehr unangenehm, wenn ein Gast unvermittelt den Anfang macht und die anderen gleich mit aufstehen und sich anschließen. Einzige Gegenwehr: Er lädt sie noch zu einem Digestif ein. Umgekehrt kann er auch den Nachteulen, die partout nicht nach Hause wollen, „zum Abschluss einen Digestif“ anbieten.

Tabu ist es, sich stiekum zu verdrücken. Nur bei einem Empfang ist es in Ordnung, schon nach einer Stunde und grußlos zu verschwinden. Denn bei solch einer Veranstaltung ist ja ohnehin eine zeitliche Begrenzung üblich, etwa von 18 bis 20 Uhr. Handelt es sich dagegen um ein Buffet-Dinner, muss sich jeder beim Gastgeber verabschieden. Selbst wenn eine große Zahl von Gästen da ist. Manchmal löst die Menge der Gäste bei einzelnen das Gefühl aus, es werde schon nicht auffallen, wenn man sich heimlich verdrückt, doch das täuscht. Insbesondere wenn ein Ehrengast wie ein Politiker, ein Vorstandschef oder Großkunde anwesend ist. Dann dürfen die anderen Gäste erst nach Hause gehen, wenn jener gegangen ist.

Wer – warum auch immer – früher gehen muss, sollte gleich zu Beginn den Gastgeber beiseite nehmen und absprechen, ob er lieber still geht oder kurz adieu sagt. Unangenehm sind die Gäste, die minutenlang neben dem Tisch stehen und beim Verabschieden weiter parlieren – so lange, bis sich der Nächste anschickt zu gehen. Leichter ist es in den USA. Hier gibt es eine ungeschriebene Regel: Deadline zumindest für geschäftliche Abendessen ist um 22.30 Uhr.

Dress Codes und Auftreten

Mein letzter Wille: Sonnenbrille. Wann man im Beruf seine Sonnenbrille anlassen darf – und wann nicht

Ist es Ihnen bei den Übertragungen der Olympischen Spiele aus Athen auch aufgefallen? Eine große Zahl von Sportlern hielt es nicht einmal bei TV-Interviews für nötig, ihre dunklen Sonnenbrillen abzusetzen. Ich meine, dies ist ein grober Schnitzer – nicht nur wegen der Etikette, sondern auch aus psychologischen Gründen. Blickkontakt ist die wichtigste Möglichkeit, Kontakt aufzunehmen. Schauspieler wie Robert Mitchum, Marilyn Monroe, Al Pacino hatten und haben eine besondere Fähigkeit, Blickkontakte mit der Kamera aufzubauen. Sie wussten, dass nur Blicke Sympathie und Vertrauen beim Zuschauer erzeugen.

Fürstin Gloria von Thurn und Taxis meint sogar: „Dem häufigen und ständigen Tragen dieses Accessoires haftet ein Hauch von Unseriosität an. Es sieht so aus, als habe man etwas zu verbergen." Die Ausnahme: „Diese Regel gilt nicht für die italienischen Polizisten, Gigolos oder Mitglieder der Cosa Nostra."

In unserer Kultur und in den USA ist Blickkontakt ganz wichtig, im Gegensatz zu Asien. Dort wirkt er sogar indiskret und ist zu vermeiden. In einem Gespräch läuft es dort so, dass man sich zwischendurch immer mal wieder ganz kurz ansieht. Asiaten schauen immer wieder länger gen Boden oder auf ihren Schoß. Die europäische Ansicht, man könne durch den festen Blick in die Augen des Gegenübers Rückschlüsse auf seine Denkweise ziehen, existiert in Asien nicht. Das aus dem direkten, persönlichen Blickkontakt resultierende Signal, man sei sich einig, können Sie nicht erwarten.

Grundsätzlich gilt hierzulande: Mindestens beim Begrüßen, aber auch beim anschließenden Gespräch darf man keine Sonnenbrille aufhaben. Für den Gesprächspartner ist es ein unangenehm, keine Reaktionen beim Gegenüber sehen zu können. Hellblau getönte Gläser, wie sie die Popsängerin Anastasia populär machte, sind zulässig. Schließlich bleibt der Blickkontakt erhalten. Beim Business-Lunch im Freien tragen Sie bitte nur dann eine Sonnenbrille, wenn es unbedingt erforderlich ist. Wenn Sie geblendet sind, dürfen Sie sie selbstverständlich aufziehen und erklären: „Bitte entschuldigen Sie, dass ich die Sonnenbrille aufsetze, aber die Sonne ist so grell."

Zwar hat die Sonnenbrille mittlerweile den Status eines modischen Accessoires erlangt. Für den Freizeitbereich ist das auch in Ordnung, aber die Brille im Geschäftsleben nur aus modischen Erwägungen aufzusetzen ist unprofessionell und unhöflich.

Etwas Anderes ist es, wenn man triftige Gründe hat. So wie meine Freundin, eine Geschäftsfrau in Wiesbaden. Der ist es immer hochnotpeinlich, wenn sie ihre getönte Brille auch in Gesprächen „immer auflässt, um wenigstens die Speisekarte lesen zu können". Aber sie muss aus medizinischen Gründen einfach ihre Augen schützen. In so einem Fall sind allerdings ebenfalls ein paar erklärende Worte angebracht.

Was gar nicht geht und völlig unangebracht ist: dass jemand im geschlossenen Raum eine Sonnenbrille trägt. Ich hatte schon eine Besucherin bei einem Abendessen im Winter, die selbst am Tisch die Brille aufließ – zur Verwunderung der anderen Gäste. Der Schuss ging nach hinten los: Wollte die 60-jährige Dame aus Eitelkeit einen besonders guten Eindruck hinterlassen – sie entschuldigte sich nämlich mit ihren „Falten um die Augen" – so erreichte sie das Gegenteil. Jeder wurde nun darauf aufmerksam.

Dress Codes und Auftreten

Im Smoking zählt Ausstrahlung: Was Sie anziehen müssen, wenn der Dress Code „Black Tie“ heißt

Warum stehen auf einer Einladung Kleidervorschriften? Richtig, damit sie befolgt werden. Dass dies nicht für jeden selbstverständlich ist, beobachtete ich gerade in Salzburg. Bei einem offiziellen Dinner mit 300 Personen – auf der Einladung stand als Kleidervorschrift Smoking – erschien trotzdem ein Drittel der Eingeladenen mit ulkigen Varianten: etwa mit weit offenem Smokinghemd, offenen Hemdsärmeln ohne Manschettenknöpfe oder mit derben Schuhen mit Kreppsohle.

Die Bezeichnung Smoking bedeutete ursprünglich Raucherjacke für das Herren-Raucherzimmer. Dorthin zogen sich diese sich einst zum Rauchen zurück, weil die Gentlemen den Damen den Geruch ersparen wollten. Die Smokingjacke wurde nur im Raucherzimmer angezogen und bei der Rückkehr an den Tisch wieder das Frackjackett. Das war sehr rücksichtsvoll und alle Nichtraucher würden sich auch heute über diese Sitte freuen, wenn es sie noch gäbe.

Übrigens bedeutet die Vorschrift „Gesellschafts- oder Abendanzug“ ebenfalls, dass ein Smoking erwünscht ist. Irritierenderweise steht heute unter mancher Einladung in Deutschland als Dress Code: Tuxedo, Cravatte Noir oder Black Tie. In USA und Frankreich heißt dies Smoking. Warum man die Begriffe hier neuerdings findet, ist mir unerklärlich. Will man den Gästen ein lustiges Rätselraten aufgeben, so dass sie sich den Zutritt erst mal erarbeiten müssen? Will man den beiden genannten Ländern Avancen machen?

Ich empfehle, die englisch- oder französischsprachigen Vorschriften nur dann in eine Einladung zu schreiben, wenn die meisten Gäste aus anderen Ländern kommen. Die Begriffe machen deutlich, dass zum klassischen Smoking eine schwarze Fliege getragen wird. Mittlerweile sieht man aber auch bunte Fliegen und Westen. Dies ist keine elegante Entwicklung und verstößt gegen die Etikette.

Ein Fauxpas ist es, zum Smoking eine weiße Fliege zu tragen. Diese ist dem Frack vorbehalten – White Tie, Cravatte Blanche – und dem Hotelpersonal, das zum Smoking eine weiße Fliege trägt. Herren bleibt weniger Spielraum, modische Akzente zu setzen als Damen. Daher sind Ausstrahlung und Persönlichkeit à la Clark Gable oder James Bond gefragt. Und was man dazu trägt, ist unabdingbar: dünne Kniestrümpfe und Slipper aus Lackleder. Absolut Tabu sind Schnürschuhe. Grausam wirken die dicken Taucheruhren mancher Herren. Leider sieht man immer häufiger Herren, die schon am Mittag oder Vormittag Smoking tragen. Der Smoking ist aber ein Abendanzug und darf nicht vor 18 Uhr ausgeführt werden. Wer auch tagsüber festlich erscheinen will, kann in Stresemann oder Cut kommen.

Einladungskarten sind chauvinistisch und erwähnen nur die Herren – das bedeutet aber nur, dass Frauen in diesem Falle privilegiert sind und mehr Freiheiten haben. Ist die Devise der Einladungskarte Smoking, haben Damen noch die Auswahl: zwischen einem kurzen Cocktail-Abendkleid oder einem langen schlichten Kleid. Ist ein Frack angesagt, gibt es keinen Zweifel – die Dame muss im eleganten langen Kleid erscheinen.

Nach meinen Erfahrungen tragen 70 Prozent der Damen schwarz. Damit es nicht ganz so nach Trauergesellschaft einer aussieht, sollte man sich ruhig an den Lateinamerikanerinnen oder Italienerinnen orientieren: Die tragen durchaus leuchtende Farben, aber dann ohne auffälligen Schmuck. Bei diesen Festen gilt die Devise „weniger ist mehr“.

Dress Codes und Auftreten

Bitte ohne Bärchenkrawatte: Was Sie bei der Devise „Festliche Kleidung" tun und lassen sollten

Was manche Gäste unter dem Dress Code „Festliche Kleidung" verstehen, versetzte mich kürzlich in großes Erstaunen: Auf ein und derselben großen Veranstaltung einer namhaften Firma mit Rahmenprogramm, gesetztem Essen und Tanz boten sich die verschiedensten Einblicke. Die eine Karrierefrau zeigte – ähnlich einer Haremsdame – ab Bustier abwärts ihren Bauchnabel, die andere erschien im Minirock und die nächste in endlos rückenfrei. Ohne dass die einladende Firma etwa eine Werbeagentur war oder der Filmbranche angehörte.

Manche Herren präsentierten rote Krawatten mit gelben Bärchen oder blauen Elefanten. Genauso daneben: braune Schuhe – chic zum grauen Tagesanzug – aber um Himmels willen nicht mehr nach 18 Uhr. Ab dann sind der schwarze Schuh mit dünner Ledersohle und Kniestrumpf angesagt – alles andere ist schlicht falsch.

Ein Muss ist hingegen das Stofftaschentuch, damit es Ihnen nicht so ergehen wird, wie meinem Tischherrn. Ich hatte mir versehentlich etwas Wein auf mein Abendkleid gegossen und mein Tischherr wollte mir tatsächlich mit einem Tempotaschentuch aushelfen. Ich lehnte die Fusseln höflich ab, in so einem Moment darf man auch die Serviette nehmen.

Grundsätzlich darf der Herr bei der Kleiderordnung „Festliche Kleidung" zwischen dunklem Anzug und Smoking entscheiden – je nachdem, was er im Kleiderschrank führt und worin er sich wohl fühlt.

Wer den dunklen Anzug wählt, sollte ihn nur in Begleitung eines weißen Hemdes – am besten mit Doppelmanschette – und elegant-dezenter Krawatte tragen. Damen sind da viel freier: Sie können vom kleinen Schwarzen bis zum kurzen Abendkleid oder eleganten Hosenanzug alles zum Einsatz bringen. Diese Freiheit ist wunderbar, birgt allerdings auch Gefahren – siehe oben.

Wer hingegen zu einem festlichen Abend in den USA oder Asien geladen ist, sollte viel stärker als hier zu Lande auf Eleganz und Farben setzen. Und wenn die Dame schon in Schwarz gekleidet geht, dann sollte sie ihre Erscheinung mit sehr viel Schmuck, Strass und Glitzerhandtaschen von edlen Designern auflockern.

Weshalb es so wichtig ist, dass Sie dem Dress Code des Gastgebers Folge leisten? Weil Sie als Gast ihm dadurch Reverenz und Dank für die Einladung erweisen. Große Feste auszurichten ist nicht nur teuer, sondern kostet auch viel Zeit. Und jeder Gastgeber hat eine Wunschvorstellung, wie sein Fest ablaufen soll. Zu den Pflichten eines Gastes gehört es, durch das äußere Erscheinungsbild zu einem harmonischen Ambiente beizutragen.

Dress Codes und Auftreten

Schwitzen für die Etikette: Warum Feinstrumpfhosen und Kniestrümpfe im Job zwingend sind

Der Europa-Chef der Werbeagentur Grey, Bernd Michael, pflegt eine Marotte: Er trägt immer eine rote Krawatte – mit verschiedenen Mustern, aber immer im ähnlichen Grundton. Als Kreativer darf er das – ein Banker aber sollte bei roten Krawatten wenigstens vor Bärchenmustern oder Luftballons halt machen.

Die Bankerin, die mich kürzlich in einer Hauptstelle der Deutschen Bank bediente, hatte sich offenbar keine Gedanken gemacht, wie sehr das Outfit das Zutrauen in ihre Professionalität beeinflusst. In arg knapper Jeans und ausgewaschenem T-Shirt muss sie es sich selbst zuschreiben, wenn sie nicht kompetent rüberkommt. Außenminister Fischer von den Grünen beherrscht diese Klaviatur perfekt und erscheint im Ausland im feinsten Zwirn.

In New Yorks Bankenzentrum ist die Mode deshalb klassisch: Man sieht nur dunkle Anzüge und Kostüme mit weißem Hemd oder weißer Bluse, wohin man schaut. So ist man vor Fehlgriffen relativ sicher. Frauen treten eher im Kostüm als im Hosenanzug an – wie in Europa.

Für Damen gilt eine weitere strikte Regel: nie ohne Feinstrumpfhosen ins Büro. In den USA ist diese Kleidervorschrift dank der Klimaanlagen überall weniger anstrengend als in Europa. Denn wer immer Kundenkontakt hat, muss – selbst bei schweißtreibenden 38 Grad ohne Klimaanlage – Nylons tragen.

Auch Männer müssen selbst im August lange Kniestrümpfe tragen, denn im Sitzen soll der Anblick eines behaarten Männerbeins niemanden entsetzen. Ganz peinlich sind auch kurzärmelige Hemden wie bei Schulbuben. International existiert dieses Bekleidungsstück im Businessbereich gar nicht.

Frauen dürfen ihre Oberarme – hüben wie drüben – allenfalls bei Hitze zeigen, wenn die Kleidergröße klein genug ist. Miniröcke und tiefe Ausschnitte haben im Job nichts verloren. Dasselbe gilt für Sandalen – die sind auch den Herren strikt verwehrt. Auf der To-do-Liste stehen für Frauen dagegen auch tagsüber ein dezentes Make-up und etwas Schmuck. Lippenstift darf gerne sein – vorausgesetzt er verirrt sich weder an die Zähne noch zückt ihn frau in einer Besprechung oder im Restaurant am Tisch. Lackierte Fingernägel gehen auch – vorausgesetzt, sie sind nicht in Marilyn-Rot oder in Knall-Pink.

In Amerika, aber auch schon in Italien ist ein Thema völlig klar, das hier zu Lande noch nicht überall als Standard angesehen wird: Haare an Beinen und unter den Achseln gelten als ungepflegt.

Ein Hinweis an die Textilindustrie: Ein Segen für Damen wäre es, wenn die Jacketts endlich Innentaschen bekämen. Dann wäre die Gleichberechtigung einen Schritt weiter. Einen großen.

Umgang mit Chefs und Kollegen

Wenn Sie der Chef beleidigt: Wer auf welche Weise die Situation retten kann, wenn jemand im Job blamiert wird

Der Mann wurde knallrot. Die 15 Anwesenden starrten ihn an – es war peinlich für alle. In einem Meeting hatte die Marketingchefin mit dem Vorstand neue Pläne für ein Projekt ihrer Abteilung gestreift. Der dafür verantwortliche Mitarbeiter hörte dies zum ersten Mal. Die Chefin aber tat ihn ab: „Das wissen Sie noch nicht, das erzähle ich Ihnen später." Alle verstanden: Die Chefetage war unzufrieden mit den Ergebnissen, nur gesagt hatte es dem armen Betroffenen niemand. Der so Bloßgestellte tat das einzig Richtige: Er schwieg – und bewies Haltung.

Zwei Verhaltensregeln sind in diesem Moment ganz wichtig: Lassen Sie Ihren Kritiker ausreden und schauen Sie ihn dabei an. So souverän wie möglich, aber nicht provozierend. Sehen Sie auf keinen Fall beschämt weg. Bevor Sie etwas sagen, warten Sie unbedingt fünf Sekunden. Das sichert Ihnen ungeteilte Aufmerksamkeit und bewahrt Sie vor unkontrollierten Äußerungen, über die Sie sich womöglich später ärgern. So beweisen Sie Professionalität und Stil.

Geschieht so eine Blamage intern, vor den engsten Kollegen, sollte der Betroffene mit diesen Worten reagieren: „Ich möchte darüber gerne erst einmal unter vier Augen mit Ihnen sprechen." Insistiert der Chef immer weiter, ist beherrschen angesagt. Lassen Sie es über sich ergehen. Beweisen Sie die Professionalität, die dem Chef selbst fehlt.

Wird der Vorgesetzte allerdings beleidigend, müssen Sie etwas sagen:

„Ich fühle mich persönlich angegriffen, das sollten wir zu zweit besprechen." Dann dürfen Sie sogar rausgehen, Sie machen sich unangreifbar und die Situation ist wenigstens beendet.

Rettend eingreifen darf dann auch ein dienstälterer Kollege. Es zeugt von Zivilcourage, wenn er versucht, etwa so die Situation zu retten: „Wir kommen nicht weiter, können wir bitte zur Sache zurückkommen." Themenwechsel und Ablenken ist die Devise. Das darf jeder, unabhängig von seiner Stellung in der Hierarchie.

Übrigens hatte die Marketingchefin Glück, dass ihr dieser Fauxpas im Inland passierte, denn er zeugte von Charakterschwäche und fehlender Führungsqualität. In Asien hätte sie ihrer Firma künftige Geschäfte verbaut: Der nächste Auftrag ginge garantiert an den Mitbewerber – egal wie gut das Produkt ist. Asiaten machen Geschäfte mit einzelnen Menschen, denen sie vertrauen. Nicht mit dem guten Namen eines Unternehmens. Vorstände sollten nur authentische Führungskräfte ins Ausland senden, die echte Umgangsformen haben und keine antrainierten. Sonst wird es teuer – der Firma entgehen zu viele Aufträge.

Umgang mit Chefs und Kollegen

Motivationsmotor Lob: Das Loben von Mitarbeitern ist auch eine Frage der Etikette

Welche Sendung hatte in jüngster Zeit die höchsten Einschaltquoten? Die Samstagabend-Rate-Show mit Thomas Gottschalk, in der die Gäste Benimmfragen beantworten mussten. Besonders beeindruckte das die Journalisten des „Wall Street Journal", die daraufhin einen großen Beitrag über die neue Rückbesinnung der Deutschen auf gute Umgangsformen brachten. Herausgestellt wurde, dass sich die Menschen wieder für die Etikette interessieren – nachdem ihnen immer häufiger schlechter Umgangston vorgeworfen worden war.

Ich glaube, dass die Globalisierung der Hauptgrund für die Rückbesinnung auf höfliche Umgangsformen ist. Der Umgangston im internationalen Geschäft ist freundlicher, es wird mehr gelobt als in Deutschland. Während meiner Zeit in Washington habe ich Deutsche, die in der Stadt arbeiteten, gefragt, wie sie mit den dort üblichen, sehr langen Arbeitszeiten zurechtkämen. Die Antwort: Die gute Stimmung und der höfliche Umgang miteinander machen den Arbeitsalltag leicht. Authentische Höflichkeit und respektvoller Umgang mit Kollegen und Mitarbeitern wirken souverän und kompetent. Eine Wirkung, die intern, aber auch im Kundenkontakt von ganz besonderer Bedeutung ist. Teamwork wird immer wichtiger und ist nur effizient, wenn der Kommunikationsfluss kooperativ und offen ist. Wie lässt sich das sicherstellen? Ganz einfach, durch Loben. Die Chefs halten die Kooperationsbereitschaft ihrer Leute aufrecht, indem sie loben, und zwar ehrlich. Wer sich besonders anstrengen musste, bekommt mit 100prozentiger Sicherheit eine lobende Mail vom Chef.

Das setzt sich fort: Es ist eine Frage von Fairness, bei einem Team auch die einzelnen Beteiligten zu erwähnen, in besonderen Fällen auch öffentlich zu loben. Die typisch amerikanische Auszeichnung des Mitarbeiters des Monats prangt zunächst im Flur, damit es alle sehen und hängt später im eigenen Büro.

Als US-Firmen diese Usance auch in Asien einführen wollten, mussten sie umdenken: Da es für Asiaten unfein ist, sich als Einzelne in den Mittelpunkt zu stellen, kürte die Firmenleitung stattdessen ein Team des Monats.

Selbst unter Geschäftspartnern wirken freundliche, lobende Worte Wunder. So berichtete kürzlich der renommierte Düsseldorfer Anwalt Wolfgang Kühn ganz begeistert von seinem Mandanten, einem der größten türkischen Unternehmen: Von dem hatten der Jurist und sein Team nach einem gelungenen Deal ein persönliches Lob- und Dankesschreiben bekommen – und nicht nur eine seelenlose Honoraranweisung.

Umgang mit Chefs und Kollegen

Frohes Fest mit Händedruck: Weihnachts-Rundmails an die eigenen Leute sind tabu

Den weihnachtlichen Büroalltag habe ich als Teenager so kennen gelernt: Unsere gesamte Familie – ich stamme aus einem mittelständischen Unternehmerhaushalt, ein Verlag mit Druckerei – machte am Morgen des 24. Dezember die Runde durch den Betrieb. Meine Schwestern und meine Eltern, wir alle gingen zusammen in jedes Büro sowie in die Setzerei und Druckerei. Jedem der 110 Mitarbeiter schüttelte jeder von uns die Hand und wünschte „Frohe Weihnachten". Mein Vater gab jedem Einzelnen eine Tüte mit Wein und ein paar ausgesuchten Lebensmitteln wie einer guten Salami.

Dieses Ritual war Teil unseres Lebens, ebenso wie es die Mitarbeiter selbst waren. Wir wussten, wie es um die einzelnen Menschen stand. Mein Vater fühlte sich verantwortlich für seine Leute und deren Familien. Die Zeiten waren wirtschaftlich schwierig. Zusammengehörigkeitsgefühl und Loyalität standen außer Frage. Die Menschen haben sich im Kern bis heute nicht geändert: Jeder will ein Quäntchen Respekt und Anerkennung bekommen – auch und besonders von den Vorgesetzten.

Ich meine, die Chefs müssen sich heute nicht wundern, wenn sie die Loyalität ihrer Mitarbeiter vermissen. Hand aufs Herz: Wann haben Sie zuletzt in Ihrer Abteilung oder ihrem Unternehmen so richtig die Runde gemacht und jedem die Hand geschüttelt? Eins steht in jedem Fall fest: Eine E-Mail kann einen Händedruck nicht ersetzen. Eine E-Mail mit einem Gag macht es nicht besser. Den eigenen Mitarbeitern eine Weihnachtsmail zu schicken, ist stil- und seelenlos. So eine technische Krücke darf nur zu Hilfe nehmen, wer das Krankenbett hüten muss oder sonst wo auf der Welt unterwegs ist. Aber der muss dafür am 2. Januar die Runde nachholen und ein „Gutes neues Jahr" wünschen.

Ansonsten gilt: Zwei bis drei Stunden vor Dienstschluss am 23. Dezember muss der Boss die Runde drehen, und zwar im zugeknöpften Jackett. Er sollte sich für den guten Job, den die Leute gemacht haben, ausdrücklich bedanken. Vielleicht auch für ihre Freundlichkeit, Hilfsbereitschaft oder die positive Ausstrahlung – Hauptsache, die Mitarbeiter fühlen sich persönlich und ehrlich angesprochen. Für Amerikaner ist so etwas selbstverständlich. Dort wird auf höflichen Umgang Wert gelegt, was Stimmung wie Produktivität gut tut. Diese Emotionalität empfinden wir als wenig professionell – ein Fehler, sowohl menschlich wie auch kaufmännisch gesehen. Nur wer das ganze Jahr über eiskalt war und den ganzen Umgang miteinander aufs absolut Dienstliche reduziert hat, bei dem würde solch ein Auftritt unglaubwürdig und peinlich wirken. Aber so sind Sie doch nicht, oder?

Umgang mit Chefs und Kollegen

Nerven Sie die Kollegen nicht: Wie Sie sich im neuen Job am besten einführen – als Chef oder Kollege

Im neuen Job hängt vom ersten Eindruck oft alles Weitere ab. Ich habe schon Firmen erlebt, bei denen Vorgesetzte nicht einmal wussten, dass sie einen neuen Mitarbeiter bekamen, nichts veranlasst hatten – und erst eine Woche nach dessen Einstieg aus dem Urlaub wiederkamen. Auch ein authentischer Fall: zwei Uniabsolventen, die in einem Konzern anfingen – und leider keine Aufgaben vorfanden. Sie beschäftigten sich dann miteinander, jeder spielte eine Woche den Chef. Zwei Monate lang.

Solche Unhöflichkeiten sind vermeidbar. Die Düsseldorfer Werbeagentur Ogilvy & Mather zum Beispiel hat ein nettes Ritual: Noch bevor der Neue antritt, bekommen die Kollegen vom Chef eine Mail, in der er ihn und seine Vita vorstellt. Umgekehrt findet der Einsteiger auf seinem PC gleich ein paar Willkommensmails seiner neuen Kollegen vor. Der Vorteil: Namen prägen sich schneller ein, der Neue muss sich auch nicht zehnmal erklären. Es genügt, wenn er noch am ersten Tag bei allen vorbeischaut, sich mit vollem Namen vorstellt und betont, dass er sich freut, jetzt im Team zu sein.

Auch Führungskräfte können sich ihren neuen Mitarbeitern schon vorab per Mail ankündigen, mit Vita und einem Foto. Sie sollten aber unbedingt in den ersten 14 Tagen jeden ihrer neuen Mitarbeiter und Kollegen besuchen und 30 Minuten mit ihm sprechen. Lernt man nämlich jemanden erst im Zuge von Differenzen kennen, hat man doppelt schlechte Karten.

Wichtig ist auch dies in der neuen Firma: Gerade am Anfang sollte ein

Neuer nicht das Herz auf der Zunge tragen, sondern viel zuhören, fragen und lernen. Wer einen Tick zu viel von seiner alten Firma spricht, geht den Leuten auf die Nerven und verletzt sie sogar.

Was Sie anziehen sollen am ersten Tag? Finden Sie im Vorfeld so viel wie möglich über die neue Firma heraus, auch die Kleiderordnung, und passen Sie sich an. Unbedingt. In der ersten Zeit sollten Sie nur lockere Kontakte knüpften und sich nie auf eine Zweierbeziehung einlassen. Oft versuchen Mitarbeiter, die nicht so anerkannt sind, neue Kollegen für sich zu gewinnen – leider oft mit dem Angebot, bei einem Kaffee die Kollegen durchzugehen, wie sie „wirklich sind". Und schwupp, sitzen Sie in der Zwickmühle. Sie wollen nicht unfreundlich sein, möchten sich aber selbst ein Bild machen. Ich rate: sofortiger Themenwechsel, bloß kein Zurückweisen oder Belehren. Fragen Sie etwas Banales – oder ob es üblich ist, zum Einstand zum Umtrunk zu laden. Dies zu wissen, hindert sie auch daran, eine Unterlassungssünde begehen – denn die ist so schnell nicht mehr wettzumachen.

Umgang mit Chefs und Kollegen

Ein Teller Kekse für 20 Leute: Der Chef muss als Erster dem Gast den Kaffee anbieten

Wer muss den Gästen im Konferenzraum eines Unternehmens Getränke anbieten und sie bedienen? Diese Frage stellte erst kürzlich der Personalchef eines Maschinenbauunternehmens. Er habe öfter zusammen mit der Geschäftsleitung Bewerber oder Berater zu Besuch in der Firma. Auf dem Konferenztische stehen dann auch immer Kaffeekannen und kalte Getränke. Doch keiner tut den ersten Schritt und schenkt aus oder greift selbst zu. Seine Frage: Wer sollte die Initiative ergreifen, der oberste Chef, der Rangniedrigste, was sind die Kriterien? Die Antwort ist: Der Ranghöchste bedient die Gäste in seiner Nähe, zumindest macht er den Anfang, denn er ist der Gastgeber. Dann fordert er die Gäste auf, sich selbst zu bedienen. Der richtige Zeitpunkt ist der, an dem sich alle an den Tisch setzen – nach dem Small Talk und bevor das Geschäftliche beginnt. Versäumt der oberste Chef diesen ersten Schritt, sollte der Nächsthöhere nicht lange zögern und einspringen.

Unhöflich wäre es, die Gäste auf dem Trockenen sitzen und die Flaschen anschauen zu lassen. Eigentlich sollten sich alle Mitarbeiter in der Verantwortung des Gastgebers empfinden und die Gäste versorgen und zum Beispiel nachschenken. Wer bemerkt, dass sein benachbart sitzender Gast sich nicht von allein nachnimmt, sollte ihm etwas anbieten.

Versäumt dies nicht nur der Chef, sondern auch seine Mitarbeiter, so dürfen Gäste sich selbst helfen. Damit dies elegant möglich ist, sollten Kaffee- und Teekannen leicht erreichbar sein. Und wer perfekt sein will, stellt das Wasser in Karaffen hin.

Ich habe eine Freundin, der man bei einem Firmenbesuch die ganze Zeit über nichts anbot, die Flaschen blieben verschlossen mitten auf dem Tisch. Sie hätte es unangemessen gefunden zu fragen – die Gastgeber dagegen hatten einfach nicht daran gedacht, ihr etwas anzubieten.

So etwas passiert, und gar nicht mal so selten. Auch drollig ist diese Variante: In einem Fünf-Sterne-Hotel erlebte ich kürzlich, wie um einen Tisch herum 20 Leute saßen und ganz in der Mitte stand ein einzelner Teller mit Keksen – an den höchstens vier Leute heranreichten. Dasselbe beobachte ich auch öfter mit Kaffeekannen.

Aufmerksame Führungskräfte achten darauf, dass Gäste ihres Hauses – wie bei den Berliner Politikern – direkt vor ihrem Sitzplatz kleine Fläschchen Wasser und Saft und die leere Tasse für Kaffee oder Tee vorfinden.

Apropos: Viel zu oft kommen die Teetrinker zu kurz. Ein rheinischer Konzernvorstand hätte fast ein Kooperationsgespräch mit einem anderen Unternehmen platzen lassen. So sehr fühlte er sich als Teetrinker diskriminiert, dem nur Kaffee angeboten wurde.

Umgang mit Chefs und Kollegen

Fremde Schreibtische sind tabu – selbst für Chefs

Sie sind allein gelassen im Zimmer des Chefs. Weil der noch kurz etwas erledigt, ehe er Zeit für seinen Mitarbeiter findet. Darf man sich schon mal setzen? Und wohin? Welches könnte sein Stammplatz sein? Darf man sich wirklich bedienen und sich einen Kaffee nehmen? Sie dürfen, jedenfalls, wenn er es so offeriert.

Nicht aber dürfen Sie die Frage stellen, ob es besser wäre, ein anderes Mal wieder zu kommen. Es ist allein Aufgabe des Chefs, das anzusprechen. Sollten mehrere Kollegen beim Vorgesetzten vorstellig werden, und er kommt erst später, gebührt es die Höflichkeit, dessen Stuhl freizulassen. Ist dieser Platz unüberlegt doch besetzt worden, muss der Betreffende sofort aufstehen – im Job zählt Hierarchie. Dass es nicht die deutlich ältere Sekretärin ist, die vor dem Berufseinsteiger aufsteht, um dem Chef einen Sitzplatz zu überlassen, sollte sich von selbst verstehen. Kürzlich erlebte ich jedoch das Gegenteil, als eine Mitarbeiterin eines Konzern mit Skiverletzung in einen Konferenzraum humpelte, in dem es keinen freien Stuhl mehr gab. Keiner der anwesenden Herren vom Praktikanten an aufwärts kam auf die Idee, aufzustehen – bis auf einen der Chefs. Der bestand darauf, dass die Frau seinen Platz einnahm. Keiner wurde stutzig. Und keiner bot wenigstens der Führungskraft seinen Platz an. Der Mann musste auf dem Boden sitzen, eine Stunde lang – was er souverän erledigte. Absurdistan? Iwo, Unternehmensalltag.

Doch zurück zum Thema fremde Zimmer: Fern halten müssen Sie sich vom Chef-Schreibtisch. Welche Bücher in seinem Regal stehen, dürfen Sie sich anschauen – aber Sie dürfen sie nicht anfassen. Legen Sie niemals ihre Arbeitsunterlagen oder die Handtasche auf den Chef-Schreibtisch. Absolut tabu ist es auch, einen Stift vom Chef-Tisch auszuleihen – selbst wenn es nur kurz ist. Das Verhalten im Chefzimmer bleibt eine Gratwanderung: Treten Sie allzu vorsichtig auf, so kann das dem Chef lästig werden – es kostet ihn viel Aufmerksamkeit, jeden Schritt vorzugeben. Gerade die devote Haltung eines Mitarbeiters kann nerven und eine unprofessionelle Form sein, um auf sich aufmerksam zu machen.

Die Regel: Schreibtische sind Privatsphäre, das muss jeder respektieren – Kollege wie Chef. So leistete es sich der Vorstandsassistent eines Konzerns – auf der Suche nach einem Radiergummi im Großraumbüro – nicht nur alle Schreibtische unter die Lupe zu nehmen, sondern auch noch Schubladen aufzuziehen. Unmanierlich war auch der Chef, der gerne in der Pause checkte, was seine Leute auf dem Schreibtisch hatten. Eine Freiheit, die keinem gestattet ist.

Umgang international und auf Reisen

Auch große Bosse lieben kleine Geschenke

Meinen Mann habe ich noch nie sprachlos gesehen – nur in diesem einen Fall: Ein britischer Anwalt, der zum Business-Dinner in der Botschaft in Washington bei uns zu Gast war, hatte ein besonderes Gastgeschenk für ihn parat – einen babyblauen Hermes-Seidenschal wie Johannes Heesters ihn in Weiß trägt. Mein Mann war sichtlich irritiert. Ob sich der Brite geirrt hatte und den Schal eigentlich mir verehren wollte? Ob es britischer Humor war? Es klärte sich nie auf, am Ende bekam ich ihn.

Der Vorfall zeigt: Gastgeschenke sollte man bei Geschäftseinladungen lieber nicht unter den Augen aller Gäste auspacken. Die Regel heißt: Ist man beim Geschäftspartner oder dem Chef zu Hause eingeladen, ist ein Mitbringsel für seine Frau ein Muss. Mit Blumen, Büchern und CDs sind Sie auf der sicheren Seite. Geschenke mit Firmenlogo sind erlaubt, wenn das Signet nicht zu plakativ ist. Tabu ist die Krawatte, die mit ein- und demselben Banken-Logo gepflastert ist. Gibt es Kinder im Haushalt, sammeln Sie auch bei den Eltern Sympathiepunkte, wenn sie dem Nachwuchs etwas mitbringen wie Bücher, CDs, einen CD-Gutschein oder Spielzeug.

Bei Blumen können sie übrigens Takt beweisen: Sie dürfen sie schon vormittags oder auch am nächsten Tag schicken. Nicht nur, dass Sie den alleinigen Auftritt haben, Sie ersparen den Gastgebern auch den Stress, alle Sträuße und die ankommenden Gäste gleichzeitig zu versorgen.

Sind Sie bei einer riesigen Abendveranstaltung nach einem Kongress von einer Firma in einem Hotel mit Event-Company eingeladen, ist kein Geschenk nötig. Dasselbe gilt fürs Firmenjubiläum. Anders verhält es sich hingegen, wenn der Unternehmenslenker seine guten Kunden zum Geburtstag einlädt. Weil der Anlass ein persönlicher ist, sollte man nicht mit leeren Händen kommen. Auch wer es wie James Bond mit Moneypenny hält und der Sekretärin seines Auftraggebers eine Aufmerksamkeit mitbringt, hat immer bessere Karten.

Was bei uns vor allem eine Geste der Höflichkeit darstellt, ist in Asien zwingend. Ohne Geschenk zu kommen, gleicht einem Affront. Ungerade Zahlen – also drei Flaschen Wein – und die Vier als Todeszahl bringen Unglück. Richtig liegen Sie mit den Farben Rot, Pink und Gold bei der Verpackung. Die ist übrigens ebenso wichtig wie das Geschenk selbst. Je aufwändiger die Hülle, desto deutlicher zeigt sie die Wertschätzung. Übrigens ist heute Vorsicht geboten: Die Wert-Obergrenze eines Geschenks dürfte bei 200 Euro liegen, darüber wird es heikel. Es könnte wie Bestechung aussehen.

Umgang international und auf Reisen

Der Kampf um die Armlehne: Im Flugzeug sind sich alle so nah, dass besondere Rücksicht nötig ist

Fliegen ist ein Abenteuer, sogar heute noch. Nass und heiß kann es werden. So erging es jedenfalls meinem Sitznachbarn auf dem Flug von Washington nach Frankfurt. Eine volle Tasse heißen Tees landete auf seinem Schoß, kurz nach dem Start. Sein Vordermann hatte die Rückenlehne nämlich abrupt nach hinten gekippt – ohne darauf zu achten, was er anrichtet. Hätte er nicht vorwarnen oder fragen können?

Schon Loriot führte eindrucksvoll vor, dass die Enge im Flieger besondere Sensibilität erfordert. Er spritzte damals Evelyn Hamann den Tomatensaft ins Gesicht.

Ein anderes Beispiel: Ich hatte einen neuen Kaschmirmantel im Fach über den Köpfen deponiert. Als ich ihn nach der Landung herauszog, erkannte ich ihn fast nicht wieder, so hatte er gelitten. Die anderen Fluggäste hatten nämlich Aktenkoffer für Aktenkoffer einfach darüber gelegt und ihn in die letzte Ecke gequetscht – anstatt ihre Koffer unter meinen Mantel zu schieben.

Für ungewollte Nähe und entsprechende Verunsicherung sorgt auch die gemeinsame Armlehne. Kennen Sie das? Am liebsten würden Sie mit dem Wildfremden so dicht neben Ihnen einen Deal wie in Doris Days legendärem Film „Bettgeflüster“ mit der gemeinsamen Telefonleitung zum Nachbarn schließen. Etwa „die erste halbe Stunde darf ich meinen Arm abstützen, die zweite halbe Stunde Sie.“ Klingt lächerlich, wäre aber gar nicht so dummm. Vor allem bei denen, die wie Platzhirsche auftreten und die Lehne selbstverständlich besetzen. Bemerkenswert, dass man sich mit anderen stillschweigend arrangiert, reibungslos. Im wahrsten Sinne des Wortes.

Unhöflich sind auch diese Belästigungen: Etwa durch Musikliebhaber, die ihre Kopfhörer auf volle Lautstärke drehen und nicht realisieren, dass alle anderen mithören müssen. Zeitungsleser, die viel Platz brauchen, sollten einen Platz am Gang wählen. Wundern muss ich mich immer wieder über die Drängler beim Aussteigen: Selbst wenn am Gepäckband doch wieder alle gemeinsam auf ihre Koffer warten müssen, lassen sie niemanden aus den Sitzreihen auf den Gang, sondern gehen erst mal selbst durch. Dabei lautet die Regel: Reihe für Reihe steht nacheinander auf und geht. Keinesfalls dürfen die aus den hinteren Reihen vorstürmen.

So richtig heiter wird es leider dann oft am Taxistand: Jeder will schnell ins Büro oder zu seinem Termin, die Höflichkeitsregeln geraten in Vergessenheit, und so mancher schummelt sich vor. Selbst vor Damen. Da lobe ich mir den Sitznachbarn, einen Manager aus dem Handel, der mich beim Landeanflug auf Düsseldorf fragte, ob er mich in seinem Auto in die Stadt mitnehmen solle. Einfach so, aus Nettigkeit.

Umgang international und auf Reisen

Wie das Vorglühen beim Diesel: Warum Höflichkeit US-Geschäftspartnern Profit bringt

Ohne Aufwärmen geht es nicht. Nicht, wenn Sie mit Amerikanern Geschäfte machen. Die erwarten, dass man zuerst ein paar persönliche Worte wechselt: wie das Wochenende war oder wie es der Familie geht oder ob die Anreise angenehm war. Und das Interesse am anderen ist auch echt. Diese zwei Minuten müssen sein. So wie früher das Vorglühen beim Dieselmotor. Wird man als Deutscher – nach unserem Verständnis sehr korrekt – sofort sachlich und kommt gleich zum Business, eckt man böse an. Schlimmer noch: Man vergibt sich die Chance, einen persönlichen Draht zu seinen amerikanischen Partnern zu bekommen. Und das wirkt sich spätestens dann aus, wenn Sie mal gemeinsam eine Kuh vom Eis holen müssen. Oder wenn Sie ein Angebot gemacht haben, das dem der Konkurrenz so sehr ähnelt, dass diese Soft Factors plötzlich ausschlaggebend werden.

Andererseits dürfen Sie nicht überinterpretieren, wenn Ihr US-Partner anbietet: „Call me Bob." Das heißt nur eines: Wir beide wollen zusammen ein gutes Team sein, ein gutes Arbeitsergebnis liefern. Und das geht auch nur, wenn man sich mit Vornamen anspricht. Den ersten Schritt zum Vornamen sollten Sie jedoch immer dem Amerikaner überlassen. Verwechseln Sie aber bitte das Angebot, ihn Bob, Mike oder John zu nennen, nicht mit einer Freundschaftserklärung. Freundschaft erfordert auch in den USA Zeit und gewachsene Nähe – die durchaus bei Geschäftspartnern entstehen kann. Nach Jahren.

Das Wichtigste im Umgang mit Amerikanern ist Schnelligkeit und Effizienz. In Meetings mit ihnen sind alle Selbstdarstellungen und große Problemanalysen völlig deplatziert. Man trifft sich viel häufiger, tauscht sich laufend aus, aber dafür dauern diese Treffen auch nur angenehm kurze zehn Minuten. Das Motto „Time is money“ ist purer Ernst. Meinen Washingtoner Freund, einen Anwalt, trieb es schier in den Wahnsinn, als seine Kanzlei eine Dependance in München eröffnete. Kooperationsgespräche mit deutschen Anwälten dauerten für ihn ewig.

Unerlässlich im Umgang mit allen Angelsachsen: höflicher Sprachgebrauch und öfter mal ein Lächeln. Das sind die Voraussetzung, um in den USA erfolgreich zu sein. Amerikaner fühlen sich sehr viel leichter verletzt als Deutsche. Deshalb muss Kritik in Watte verpackt werden. Wer seine Unzufriedenheit über das Produkt deutlich ausdrückt, lässt einen Amerikaner das Gesicht verlieren – die Trennung zwischen Ton und Sache kennt er nicht. Kritisiert ein Amerikaner die Arbeit des anderen, poltert er nicht gleich los, konfrontiert oder macht gar persönliche Vorwürfe.

Demotivation hält nur auf und ist nicht effizient. Wer ein Ergebnis haben will, übt konstruktive Kritik, etwa so: „Zu 80 Prozent haben Sie schon alles richtig gemacht, und die restlichen 20 Prozent sind auch zu schaffen.“ Da haben wir es wieder: Der höfliche Umgang mit anderen Menschen zahlt sich am Ende in Profit aus. Fürs Unternehmen und dann auch für die eigene Karriere.

Umgang international und auf Reisen

Ohne Lob läuft nichts: Was Sie Amerikanern nicht sagen dürfen

Small Talk mit Amerikanern ist ein heikles Terrain. Jedenfalls für Ausländer. Ehe man sich versieht, hat man sich der Political Incorrectness oder gar der sexuellen Diskriminierung schuldig gemacht. So geschah es etwa einem deutschen Manager, der zum Brandeinsatz zu einer in Schieflage geratenen US-Tochter seiner Firma beordert worden war. Er verweigerte einer Mitarbeiterin eine Gehaltserhöhung und übersetzte in dem Gespräch das deutsche Sprichwort, dass man einem nackten Mann nicht in die Tasche fassen könne. Riesige Schadensersatzzahlungen waren die Folge.

Dazu kommen weitere feine Unterschiede. In einem Laden können Sie durchaus das schöne Kleid der Verkäuferin loben. Denn im normalen Alltag und Gesellschaftsleben loben Amerikaner sehr viel mehr als wir Deutsche. Doch im Geschäftsleben wäre solch ein Kompliment ein absolutes No-No. Vorsicht bei allem, was Unterschiede zwischen Männern und Frauen betont oder irgendwie sexuell Anklänge haben könnte!

In Amerika gibt es mehr Frauen als bei uns in den Führungsetagen – und die meisten verstehen bei diesem Thema keinen Spaß. Nicht den geringsten. Jede Anzeige eines Mitarbeiters muss sehr ernst genommen werden. Es folgt der sofortige Versuch, detailliert aufzuklären. In einigen Großunternehmen in New York habe ich beobachtet, dass Vorgesetzte mit einzelnen Mitarbeitern nur bei geöffneter Bürotür sprechen oder gleich einen anderen Mitarbeiter dazu bitten. Vorsichtshalber, sie könnten einen Zeugen benötigen. Denn diese Waffe, der Vorwurf der sexuellen Diskriminierung, ist sehr scharf und hat bereits einige junge Unternehmen ruiniert. So hoch können die Schmerzensgeldzahlungen ausfallen.

Für uns klingt es absurd, aber manche US- Manager berichteten mir, dass sie grundsätzlich nicht alleine mit einer Dame den Aufzug benutzen. Wie sollten sie im Zweifelsfall beweisen, dass sie sich ihr keineswegs unsittlich genähert haben? Die Anzeigen wegen sexueller Belästigung haben in den letzten Jahren deutlich zugenommen, sogar vereinzelt von Männern. Doch je irrwitziger es klingt, desto ernster ist das Thema zu nehmen. Amerikanische Richter tun es auch, und spätestens die werden Sie sonst dazu zwingen.

Umgang international und auf Reisen

„How are you?“ Was wir vom amerikanischen Small Talk lernen können

Die Amerikaner machen es sich beim Small Talk einfach. Sie begrüßen sich gegenseitig mit der immer gleichen, höflichen Frage „How are you?“ Die klare und einzig gangbare Antwort lautet „Thanks, fine“ – um gleich darauf selbst zurückzufragen. Eine ehrliche, womöglich ausschweifende Antwort will niemand ernsthaft hören. Es geht lediglich um die Höflichkeit. Die Floskeln beweisen nur den Respekt vor dem anderen. Und allein das ist ein Wert. Wenn also in den USA jemand seinem Chef im Aufzug begegnet und dieser ritualisierte Dialog läuft ab, ist der Form vollends entsprochen. Mehr braucht es nicht. Langes Grübeln – „Was sag ich bloß?“ – ist unnötig. Dauert die Aufzugfahrt länger, folgen Fragen wie: Wie war Ihr Wochenende? Oder haben Sie dieses oder jenes Baseball- oder Football-Spiel gesehen? Sport spielt in der US-Kultur eine – für uns – unvorstellbar wichtige Rolle. Geschäftsreisende in die USA sollten sich über die Ergebnisse der großen Sportteams aus der Region des potenziellen Kunden oder Kooperationspartners schlau machen, bevor sie ankommen. Einen besseren Gesprächseinstieg als kompetent über die bekannten Football-, Basketball- und Baseball-Mannschaften mitreden zu können, gibt es nicht.

Sie meinen, das sei oberflächlich? Das kann ich nicht finden. Keine Nation versteht es so gut, Freundlichkeit und Interesse auszudrücken, wie die Amerikaner. Sie fragen auch im Business-Umfeld sehr schnell nach dem Befinden der Familie – besonders nach dem der Kinder, da diese in den

USA eine extrem wichtige Rolle spielen. Rechnen Sie damit, dass man Sie beim nächsten Treffen auf Ihre Antworten ansprechen wird. Und weil Amerikaner jede Gelegenheit nutzen, Kontakte zu knüpfen, werden Gespräche auch schnell wieder beendet. Diese Manier ist aber nicht unhöflich, sondern professionell.

In den USA gilt es gemeinhin als unfreundlich, sich anzuschweigen. Aber Vorsicht: In der deutschen und in der amerikanischen Kultur gibt es Punkte, die man beim Small Talk großräumig umschiffen sollte. Ich warne vor politischen Themen, sozialen oder religiösen Fragen. Insbesondere nationale Vergleiche sind Super-Stolpersteine. Schließlich sind Amerikaner stolz auf ihr Land. Dieses Bewusstsein ist bei uns abhanden gekommen, und als Deutscher läuft man Gefahr, im Gespräch Menschen zu verletzen – ohne es zu ahnen oder zu wollen.

Was beim Umgang mit Amerikaner weiterhin wichtig ist, gilt im Grunde überall auf der Welt: Belehren Sie nicht in einem Gespräch. Sollte Ihnen ein Gesprächspartner von seinen eigenen Erfolgen berichten – was in der amerikanischen Kultur üblich und erwünscht ist – sollten Sie so reagieren: wertschätzend, wertschätzend und wieder wertschätzend. „I am impressed", „That's wonderful", „That's great" klingt nur für uns übertrieben.

Apropos: In einem Punkt sollten Sie Amerikaner um Himmels willen nicht beim Wort nehmen: Wenn sie Sie spontan einladen und sagen „Come and see us", „Please call me anytime" oder „Let's get together for lunch". Ernst gemeint sind solche Einladungen nur dann, wenn konkrete Tages- und Uhrzeitangaben ausgesprochen werden.

Umgang international und auf Reisen

Gong Xie Fa Cai: Die Spielregeln fürs chinesische Neujahrsfest sind eine Herausforderung

Haben Sie chinesische Geschäftspartner? Oder knüpfen Sie gerade erste Kontakte in dieser Richtung? Dann sollten Sie sich rechtzeitig um Glückwunschkarten zum chinesischen Neujahrsfest kümmern. Es liegt zwischen dem 21. Januar und 20. Februar, immer in der ersten Vollmondnacht. Für die Karten haben Sie zwei Möglichkeiten: Am höflichsten ist es, Sie verwenden Karten, die rot und pink sind und goldene Verzierungen aufweisen. Perfekt ist eine rote Klappkarte, wie es mir mein Bekannter Björn Dickehut riet, der im Asiengeschäft sehr erfahren ist. Mit goldenem Glitterstift schreibt er darauf: „Gong Xie Fa Cai“. Das ist ein Wunsch für finanziellen Erfolg. Rot muss sein, da alle Rottöne von Orange bis Pink Leben, Glück und Erfolg bedeuten.

Ein anderer Ausweg: Wenn Sie einen Geschäftspartner persönlich kennen, ist es ausnahmsweise erlaubt, eine E-Card zu schicken. Bei www.yahoo.de gibt es verschiedene Motive von Glückwunschkarten zum chinesischen Neujahr: Tanzende Drachen sind immer richtig.

Wer im Januar oder Februar in Hongkong oder Singapur ist, sieht überall tanzende Drachen und Löwen, hört lautes Trommeln in den Straßen und Shopping Malls. Die Feierlichkeiten dauern Tage, manchmal Wochen. Geschäftsleute sollten bei ihrer Planung im Hinterkopf haben, dass manche Chinesen eine Woche lang ihr Geschäft schließen und auch die Arbeitszeiten der Büros andere sind.

Das Neujahrsfest ist in China das wichtigste Familienfest im ganzen Jahr, so ähnlich wie Thanksgiving in den USA und Weihnachten bei uns. Auch westlich ausgebildete und global versierte Chinesen nehmen die Tradition sehr ernst – und Sie sollten das auch. Insbesondere wenn Sie eingeladen werden. Mitbringen sollten Sie als kleines Geschenk – was bei Asiaten ja immer enorm wichtig ist – ein Körbchen mit Mandarinen: zwei, vier oder am besten gleich acht, weil das eine Glückszahl ist in China. Mandarinen sind ein Synonym für Gold und sollen Wohlstand bringen. Hätte ich so ein Körbchen meinen neuen Nachbarn in Singapur überreicht – ich zog damals zu Jahresbeginn dorthin – hätte ich zu ihnen sehr viel schneller eine Beziehung aufbauen können.

Wichtig ist bei einer Einladung zum Neujahrsfest der Dress Code. Damen sollten keinesfalls im Kleinen Schwarzen antreten, sondern in bunter Kleidung – wenigstens in Rot. Selbst Herren sollten möglichst eine rote Krawatte anlegen, denn Chinesen freuen sich, wenn sie realisieren, dass Gäste ihr chinesisches Neujahr wahrnehmen.

Umgang international und auf Reisen

Belehren Sie nicht: Reden und Präsentationen vor Ausländern sollten Shows sein

Der Vortrag von Ihnen ist etwas trocken geraten, zahlenlastig – aber dafür gespickt mit guten Informationen? Kein Problem, wenn Sie in Deutschland sind. Hier zu Lande sind wir daran gewöhnt, dass eine Rede keine Show ist. Unhöflich ist es nur – wie es kürzlich bei einer großen Veranstaltung einer internationalen Unternehmensberatung geschah –, wenn der Redner sich satte 70 Minuten Redezeit gönnt. Alle warteten auf das Essen, der Magen hing dann gegen 22 Uhr bis in die Kniekehlen, die Band wartete im Hintergrund schon auf ihren Auftritt. Und das Schlimmste: Das Publikum interessierte sich nicht mehr die Bohne für die Rede. Was der Mann sagte, wäre höchstens etwas für langjährige Kollegen gewesen.

Eine perfekte Rede, insbesondere vor internationalem Publikum oder ausländischen Geschäftspartnern, muss dies beherzigen: An erster Stelle steht ausgewiesene Freundlichkeit. Und zwar so deutlich, dass sie uns vielleicht schon übertrieben oder aufgesetzt erscheint. Auf keinen Fall darf der Redner besserwisserisch belehren. Diesen schweren Fehler beging eine deutsche Anwaltskanzlei und verdarb sich damit die erhoffte Partnerschaft mit dem amerikanischen Wunschpartner.

Amerikaner mögen nämlich kurze knappe Informationen und kurzfristige Strategieplanungen. Ein Redner, der Entspanntheit, Freundlichkeit und Kompetenz miteinander verbinden kann, hat hier schon gewonnen. Probleme sollte man nie als solche bezeichnen: Sie sind stattdessen Chancen und

Herausforderungen – und am Ende steht immer eine gute Zusammenfassung mit einem positiven Ausblick. Die Zauberformel lautet KISS, was so viel heißt wie „Keep it straight and simple". Weil Time Money ist, sollten Sie in den USA besonders strikt auf den Zeitrahmen achten. Erkundigen Sie sich stets, welcher Stil im Gastland herrscht. Amerikaner etwa stellen oft Zwischenfragen. Reagieren Sie nie mit Unmut, sondern erwidern Sie höflich „Oh, that's an interesting question" und antworten Sie knapp. Nur diese Reaktion weist Sie als global versierten Geschäftsmann aus.

Und dass auch die englische Sprache ihre Fallen hat, wollen sich die meisten nicht klar machen. Bis sie selbst hineintappen. Ich erinnere mich an eine große Vernissage, bei der der Künstler die Eingangsworte sprach und etwas über die Prägnanz seiner Bilder sagen wollte. Und weil Englisch ja ach so einfach ist, übersetzte er Prägnanz flott mit „pregnancy" – was jedoch Schwangerschaft heißt – und wunderte sich, dass er für Erheiterung sorgte und keiner mehr seine Erklärung ernst nahm.

Umgang international und auf Reisen

Essen Sie nie den letzten Gang: Einen Asiaten das Gesicht verlieren zu lassen, ist unverzeihlich

Kein Raucher war dabei – trotzdem entschuldigte sich der Chinese mit den Worten „Ich gehe Zigaretten holen" bei Rebecca Rosendeldt und den deutschen Managern aus der Stahlbranche. Skurril? Nein, er wollte der Gruppe nur die Gelegenheit geben, sich untereinander zu besprechen, ohne ihn. Die Reaktion ist typisch für asiatische Manieren: sensibel und diskret, ohne Aufhebens. Hauptsache, der andere verliert sein Gesicht nie. Das wäre unverzeihlich.

Dass die Positionen dennoch klar werden, dafür sorgen feste Rituale wie bei der Sitzordnung: Der Gastgeber sitzt mit dem Blick auf die Tür, sein Vize sitzt ihm gegenüber. Dieser Herr bezahlt am Ende auch das Essen und darf bei keiner Danksagung fehlen. Rechts vom Gastgeber wiederum darf der wichtigste Gast sitzen und links von ihm der Zweitwichtigste. Die übrigen Plätze werden nach Rang vergeben. Und weil es keine Tischkarten gibt, wird jedem sein Platz zugewiesen. Sie können also nichts verkehrt machen – nur auf eigene Ideen sollten Sie verzichten.

Dasselbe gilt für die Auswahl des Essens. Da dürfen Sie nämlich nicht mitreden. Die Speisen sucht der Gastgeber alleine aus. Viel Möglichkeiten zur Gegenwehr haben Sie nicht: Nur wenn Sie zum Beispiel keinen Fisch vertragen, sollten sie es erklären und dürfen diesen einen Gang passieren lassen. Wenn es hoch kommt, serviert man Ihnen nämlich bis zu 20 Gänge, alles in Miniportionen. Schwierig wird es, wenn Sie verwöhnt sind: Es fällt unangenehm auf, wenn Sie sich bei weiten Teilen des Menüs mit seinen unbekannten Bestandteilen enthalten. Sie müssen nicht alles aufessen, aber wenigstens nippen. Weil der Gastgeber sonst – nach asiatischem Maßstab – sein Gesicht verliert. Er hat dann den Fehler gemacht, falsch zu wählen.

Über den Tisch zu langen, ist sehr unhöflich. Nach Besteck dürfen Sie zwar fragen. Besser ist es aber, Stäbchen zu nehmen. Völlig tabu ist der letzte Gang, auch wenn er noch so lockt: Was aussieht wie Nasi Goreng beim Chinesen um die Ecke und in einer Reisschale vor Sie gestellt wird, davon dürfen Sie maximal ein Drittel essen. Es ist in Wirklichkeit eher ein Alibi, das sich der Gastgeber selbst gibt – dass seine Gäste wirklich gesättigt sind. Wer in diesem Moment großen Appetit entwickelt und aufisst, benimmt sich deutlich daneben und stürzt den Gastgeber in mittlere Verzweiflung. Ohne Übertreibung.

Verletzend ist es übrigens, wenn Sie Stäbchen senkrecht in den Reis stellen. Denn dies sieht so aus wie im Tempel, wo zum Andenken an die Verstorbenen Räucherstäbchen in Sandschalen stecken.

Zum Schluss: der Handy-Knigge

1. Handy beim Geschäftstermin – wann darf es auf den Konferenztisch?

a) Immer.
b) Nur das von Vorgesetzten.
c) Immer, allerdings mir ausgestelltem Klingelton.
d) Nie.
e) Nur in Ausnahmefällen, die auch kurz erklärt werden.

2. Ihr Handy klingelt während einer Konferenz.

a) Sie weisen den Anruf ab.
b) Sie verlassen den Raum und nehmen den Anruf an.
c) Sie nehmen den Anruf an und sprechen gedämpft.
d) Die anderen müssen in der Zeit so lange auf sie warten, bis sie wieder teilnehmen.

3. Beim Geschäftsessen oder einer Veranstaltung sollte Ihr Handy

a) gar nicht mit dabei sein.
b) bei ausgestelltem Klingelton auf dem Tisch liegen.
c) in der Jackettasche verschwinden und auf Vibrationsalarm gestellt sein.

4. Sie sind in einer Konferenz und erhalten eine SMS.

a) Sie lesen sie und antworten auch.
b) Sie stellen das Handy rasch aus.
c) Sie smsen immer auf Konferenzen, weil sie so langweilig sind und es ja keine Geräusche macht.

5. **Ihr Gesprächspartner, den Sie eben kennen gelernt haben, bittet Sie – recht schnell – um Ihre Mobilnummer.**
   a) Sie verweigern sie mit dem Hinweis, sie generell nicht herauszugeben.
   b) Sie geben sie ihm, betonen aber, dass es ihr privates Handy und in erster Linie für familiäre Anrufe da ist.
   c) Sie überhören die Bitte einfach.
   d) Sie geben ihm die Nummer, um die Form zu wahren, und machen einen Zahlendreher hinein.

6. **Sie erreichen Ihren Geschäftspartner nicht im Festnetz, weil die Leitung immer besetzt ist.**
   a) Sie rufen ihn auf seinem Handy an.
   b) Sie rufen ihn auf dem Handy an, fragen aber erst einmal, ob Sie stören.
   c) Wenn Sie stören, hängen sie gleich ein mit den Worten „Ich melde mich später".
   d) Sie schicken ihm eine SMS und bitten um Rückruf.
   e) Sie rufen doch nicht jemanden an, der offensichtlich bereits mit jemand anderem telefoniert, sondern warten ab.

7. **Jemand ruft Sie auf Ihrem privaten Handy an. Es stellt sich heraus, dass Sie ihn zwar beruflich kennen und er etwas von Ihnen will, aber Sie sind mitten in einem wichtigen Gesprächstermin.**
   a) Sie drücken den Anrufer mitten im Satz ohne Ankündigung weg, er hat schließlich unberechtigterweise diesen Kommunikationsweg gewählt.

b) Sie sagen, sobald sie die Wichtigkeit einordnen können, nur kurz „Jetzt nicht“ und drücken den Anruf weg.

c) Sie sagen ihm gleich die Meinung.

d) Sie versprechen, ihn baldmöglichst zurückzurufen, wenn Sie merken, dass es kein wichtiges Telefonat ist und stellen ihr Handy ab.

8. Sie sind in einer Konferenz, Ihr Handy klingelt und Sie sehen an der Nummer, dass Ihr Kind am Apparat ist.

a) Sobald Sie die Anrufernummer erkenne, entschuldigen Sie sich ausdrücklich für den Anruf Ihres Kindes, nehmen den Anruf aber an. So lange muss jeder noch so wichtige Business-Mensch warten, Kinder-Anrufe sind die einzigen, die immer vorgehen.

b) Es ist Ihnen hochnotpeinlich. Sie wollen keinesfalls Fremde an Ihrem Familienleben teilhaben lassen und drücken deshalb den Anruf weg.

c) Sie fassen sich sehr kurz und versprechen, zurückzurufen.

9. Ihr Handy klingelt in einer unpassenden Situation, etwa wenn Sie in einer Schlange stehen und gerade mit dem Bestellen dran sind oder wenn Sie in der Straßenbahn sitzen und alle drumherum zuhören.

a) Sie reagieren wortkarg in der Hoffnung, dass es dem Anrufer zu dumm wird.

b) Sie sagen, dass sie gerade in einer Schlange stehen oder in der Bahn sitzen – und daher nicht telefonieren können.

c) Sie sagen direkt, „Ich rufe Sie zurück“ – auf keinen Fall wollen Sie sich zum Clown machen oder ein Schauspiel liefern. Beim Rückruf erklären Sie ihre Zwickmühle.

d) Sie stören sich gar nicht an Fremden, die in der Bahn oder der Schlange zuhören, wenn sie Freude beim Zuhören haben – sollen sie doch. Allenfalls dämpfen Sie Ihre Lautstärke.

10. Das Handy Ihres Arbeitskollegen klingelt, er selbst ist gerade nicht im Raum.

a) Sie lassen es klingeln, es kann nicht für Sie sein.
b) Sie gehen dran und melden sich mit „Hallo?"
c) Sie gehen dran und melden sich mit „Apparat Schäfer".
d) Sie nehmen es in die Hand und suchen den Kollegen.

11. Ihr Handy klingelt, Sie wissen nicht, wer dran ist.

a) Sie melden sich mit „Wittig".
b) Sie melden sich mit einem knappen „Ja?"
c) Sie melden sich mit Vor- und Nachnamen und Begrüßungsfloskel.

12. Auf Ihrem Handy-Display oder auf Ihrer Mobilbox finden Sie einen Anruf vor, den Sie niemandem, den Sie kennen, zuordnen können.

a) Sie rufen zurück, um den Fall zu klären.
b) Sie reagieren nicht – wer etwas will, kann sich noch einmal melden.

13. Das Handy klingelt und der Anrufer entpuppt sich als aufdringlicher, unbekannter Verkäufer.

a) Sie drücken ihn einfach weg.
b) Ihre gute Erziehung siegt, Sie erklären ihm ruhig, dass sie keinen Bedarf haben.
c) Sie sagen „Bitte unterlassen Sie die Belästigung", drücken den Anruf weg und warten auch keine Antwort ab.

14. Ihr Gesprächspartner muss das Büro kurz verlassen, sein Handy klingelt.

a) Sie gehen dran, es könnte ein wichtiger Anruf sein oder jemand, dessen Nummer unterdrückt ist, und den er sonst nicht identifizieren könnte.

b) Sie gehen nicht dran, das Handy gehört zur Intimsphäre.

c) Sie nehmen das Handy und suchen ihn schnell.

15. Sie organisieren eine Konferenz und wollen sicher stellen, dass alle Teilnehmer ihr Handy ausstellen oder auf Vibration einstellen. Die sicherste Methode ist:

a) Sie weisen ausdrücklich vor dem Beginn alle darauf hin.

b) Sie bringen gleich am Eingang ein Verbotsschild an.

c) Sie weisen ausdrücklich darauf hin und halten gleichzeitig ein Handy in die Höhe.

d) Unmittelbar vor der Konferenz lassen Sie ein Handy-Klingeln vom Tonband laut abspielen.

16. Im Großraumwagen der Bahn telefoniert ein Reisender sehr laut und spricht über Interna seiner Firma.

a) Sie ignorieren den Störenfried.

b) Sie schreiben ihm einen Zettel, den sie ihm hinschieben mit diesen Worten: „Wissen Sie, dass das ganze Abteil zuhört? Bitte leiser!“

c) Sie beschweren sich beim Zugschaffner.

Antworten:

1. e)

Normalerweise gar nicht. Mit zwei Ausnahmen: wenn über dieses Handy dringend Informationen für diesen Geschäftstermin erwartet werden. Und wenn ein Kind krank oder alleine zu Hause ist und die Eltern jederzeit erreichbar sein müssen. Das Handy bleibt – auf Vibration gestellt – auf dem Tisch liegen und es sollte erklärt werden, warum es dort liegt.

2. a)

3. c)

Damen, die keine Jacketinnentaschen haben, dürfen das Handy auf den Tisch legen.

4. b)

Anders ist es, wenn die Konferenz groß ist und Sie im Verborgenen sms-en können oder eine Notlage vorliegt.

5. a), b)

6. d)

Jemanden anzurufen, der bereits auf einer anderen Leitung spricht, ist gnadenlos unhöflich. Eine SMS zu schicken, ist immer der höfliche Weg.

Zum Schluss: der Handy-Knigge

7. d)

8. c)

9. b)

10. a), d)

11. a)–c)
Wenn das Handy ein privates ist und kein Diensthandy, darf man sich melden, wie man will.

12. a)

13. a)–c)

14. b), c)
Bei einem Gast oder Kunden muss man in seiner Eigenschaft als Gastgeber mehr tun als gegenüber dem Arbeitskollegen.

15. c)

16. b)

Stichwortverzeichnis

Stichwortverzeichnis

Stichwortverzeichnis

Stichwortverzeichnis